検事の矜持

中尾 巧
Nakao Takumi

中央公論新社

はしがき

かつて長年の法務・検察の経験をもとにしたエッセイ集『検事はその時』（ＰＨＰ研究所刊）を上梓した。幸い、電子書籍にもなり、いまだ読み継がれているが、発刊後、十数年が経ち、改訂すべき箇所が少なくない。また、読者からは一話がコンパクトすぎてやや物足りないとのご意見も寄せられている。

事件には必ず背景がある。個性があって一様ではない。多くの人々が関わりを持ち、様々な人生模様を織りなす。加害者と被害者、一つ違えば、立場が逆になっていたかもしれない。人は、一瞬の迷いで道を誤ることもある。血の通った人間が罪を犯し、それを捜査するのも人間である。かつて私も検事として、日々、人の心を汲みながら事件と向き合い、いろいろな観点から、「トンボの眼」のように、複眼で物事を見て、「柔らか頭」で考えることを大切にしていた。

検事が事件の捜査に当たって、何を考え、いかに行動し、真実に辿り着いたか、その思考と行動論理を明らかにし、多くの方々に検事の実像等を知ってもらいたいという思いは今も持ち続けている。

本書は、『検事はその時』から読者の興味を引く事件関係のエッセイを厳選した上で、事件の実態をできる限り詳しく記述するなど大幅な加筆・修正を施し、内容を充実させ、新たに書き下ろした原稿や同人誌等に寄稿した雑文を追加して取りまとめたものである。もとより、実際の事件を題材としているため、関係者のプライバシー等を考慮し、登場人物はすべて仮名又は符号とし、若干設定も変えている。

多くの方々にいわば短編小説として気楽に読んでいただければ幸いである。

本書の出版に当たり、中央公論新社書籍編集局ノンフィクション編集部の疋田壮一さんに大変お世話になった。ここに記し、心から厚く御礼申し上げます。

令和五年二月

中尾　巧

目次

カバー画・挿画／著者
カバー表：京都・二年坂
カバー裏：古都の秋
装幀／中央公論新社デザイン室

検事の矜持

第一章
捜査の原点

ブリッゲン歴史地区

自白を疑え

ゴルフ場建設計画

若い頃、ゴルフ場建設を巡る贈収賄事件の共同捜査に加わり、贈賄側の専務の取調べを担当した。

事件の舞台は、累積赤字を抱え、隣町との合併問題で揺れるY県X町。人口はわずか四〇〇〇人の田舎町。町長は栗本武男といい、二期連続して町長を務めている。

荻須観光株式会社（代表取締役船場利光）は、X町区域内で、起伏に富み、池が点在する山林（約三万五〇〇〇坪）を賃借し、一八ホールのゴルフ場の建設を計画していた。

当時、ゴルフ場等の大規模土地開発事業を行う場合、県の行政指導により、開発事業者は、ゴルフ場の開発事業計画書を町に提出し、一方、町は、当該計画内容を検討し、県と協議した後、事業計画の受入れが可能と判断したときは、当該開発事業者との間で開発協定を締結するものとされていた。

荻須観光の船場社長は、ゴルフ場建設計画を推進するため、地元有力者らと共に、栗本町長の自宅を訪ねた。

船場社長は、町長にゴルフ場建設への尽力を依頼し、予め用意した現金一〇万円入りの封筒を、「ほんの名刺代わりです」と言いながら手渡した。

「これはどうも」と言って、町長は受け取った。

四日後、船場社長らは、料亭に栗本町長を招き、地元有力者やゴルフ場予定用地の地権者らとの顔合わせの場を設けた。

船場社長が、会合を終えた町長を見送りがてら、「お車代です」と、現金三万円入りの封筒を手渡すと、町長は「そうですか」と言って受け取った。

地元住民説明会

船場社長は、栗本町長が二回にわたる賄賂を特段断ることなく、受け取ってくれた上に、ゴルフ場の建設には協力的な態度を示したため、これからも開発協定の締結まで種々の尽力をしてもらう謝礼として町長に賄賂を供与しようと考えた。

数日後には、地元住民らへの説明会を町役場に隣接するスポーツセンターで開催し、栗本町長に挨拶をしてもらうことになっていた。

説明会当日、船場社長は現金一〇万円入りの茶封筒を持って、荻須観光の秋野孝三専務らと共に町役場に赴いた。

その途中、船場社長は秋野専務に、

「説明会が始まる前に、町長に君から渡してくれ」

と言って、現金入りの茶封筒を手渡した。

船場社長らは、町長室で町長と挨拶を交わし、説明会の式次第を説明するなどした後、会場のスポーツセンターに向かった。

栗本町長は机上の片付けをし、少し遅れて役場の裏口を出た。それを認めた秋野専務は、傍にかけ寄って現金入りの茶封筒を「社長からです」と言いながら、町長の背広の外ポケットに押し入れた。

町長は、「いやー」と言って、一瞬断る素振りを見せたものの、それ以上何も言わずに納めた。

その後、町長は、スポーツセンターの説明会に出席し、挨拶の中でゴルフ場ができれば町の過疎化対策になることを強調した。

一か月後、荻須観光が町に開発事業計画書を提出したため、町は土地利用協議会を発足させ、計画内容の検討を進め、荻須観光の開発事業計画書を速やかに県に進達するべきとの決議を行った。

他方、町長は、荻須観光の開発事業計画書に賛同する意見を付し、計画書を県に提出した。その翌日、ゴルフ場建設予定地で地鎮祭が開かれた。

町長選挙

翌月上旬に、X町の町長選挙が告示され、栗本町長は三期連続当選を目指し、立候補した。

選挙期間中のある日、船場社長は、地元有力者の示唆を受け、選挙応援に名を借り、町長に四回目の賄賂を供与しようと考え、「陣中見舞」と記した熨斗袋に現金五〇万円を入れ、それを新聞紙に包んで準備した。

夜遅く、町長の自宅を訪ねた船場社長は、玄関土間で応対した町長に、

「選挙、頑張ってください」

と言って、現金入りの熨斗袋を手渡した。

町長は、「ありがとう」と、礼を言って受け取った。

かくして町長は、三選を果たしたが、荻須観光の資金力に疑問を抱き、船場社長らにゴルフ場建設事業の資金計画を明らかにするよう強く求めるようになった。

さらに、町長は、出張先の宿泊ホテルの部屋まで船場社長を呼び出し、「町の交際費が少ない」などと愚痴をこぼし、暗に金を要求した。

船場社長は、賄賂を要求しているものと察し、その場で自分の財布の中から現金一〇万円を取り出し、五回目の賄賂として町長に手渡した。

疑問点

捜査上問題となったのは、三回目の賄賂の金額である。

船場社長は、主任検事の取調べで、

「三回目の金額は一〇万円だった」

と供述し、栗本町長は金額を覚えていないという。

秋野専務は、当初、私の取調べで、

「社長から、町長に渡す現金入りの茶封筒を託され、町長の背広の外ポケットに入れたことは間違いないが、社長から金額を聞いていない」

と供述していた。

三回目の賄賂が供与されたのは、町長がゴルフ場建設計画に関する地元住民説明会で挨拶するため会場に入る直前のことだった。

このような点を含め、事件の筋からみると、三回目が一回目の名刺代わりの一〇万円と同じ金額では少なすぎる、少なくとも二〇万円か、三〇万円ではないか、船場社長が一〇万円だと言うのは腑に落ちない。

ある日、秋野専務は、私の取調べで、

「茶封筒を町長の背広の外ポケットに入れたが、ストンと落ちた感じだった」

と供述した。

私は、この「ストン」という一言に引っかかった。

当時、給料は現金支給。私の月給は一〇万円くらいだったと思う。月給袋が厚みで立つこともなければ、仮に背広の外ポケットに入れてもストンと落ちる重さではない。

警察に本物の一万円札で犯行の再現を指示した。一〇万円、二〇万円、三〇万円、五〇万円がそれぞれ入った茶封筒を準備してもらい、秋野専務には金額を伏せたまま、それぞれの茶封筒で試させた。

「ポケットに入れたときの感触が事件当時のものと同じようだ」

と、秋野専務が言ったのは現金五〇万円入りの封筒だった。

早速、主任検事に報告し、船場社長を追及してもらったところ、社長も五〇万円だったことを認め、その出所の裏付けも取れた。

後日談だが、警察の捜査員は、急いで必要な枚数の一万円札を用意するのに苦労したという。

贈収賄事件は関係者の供述に負うところが多いが、「自白を疑え」は、今も昔も、捜査のイロハである。

▼関係法令

刑法第一九七条第一項前段（収賄）

公務員が、その職務に関し、賄賂を収受し、又はその要求若しくは約束をしたときは、五年以下の懲役に処する。

刑法第一九八条（贈賄）

第一九七条から第一九七条の四までに規定する賄賂を供与し、又はその申込み若しくは約束をした者は、三年以下の懲役又は二五〇万円以下の罰金に処する。

検察庁法

第一条（定義、種類）

① 検察庁は、検察官の行う事務を統括するところとする。

② 検察庁は、最高検察庁、高等検察庁、地方検察庁及び区検察庁とする。

第三条（検察官の種類）

検察官は、検事総長、次長検事、検事長、検事及び副検事とする。

第四条（検察官の職務）

検察官は、刑事について、公訴を行い、裁判所に法の正当な適用を請求し、且つ、裁判の執行を監督し、又、裁判所の権限に属するその他の事項についても職務上必要と認めるときは、裁判所に、通知を求め、又は意見を述べ、又、公益の代表者として他の法令がその権限に属させた事務を行う。

第六条（犯罪の捜査）

① 検察官は、いかなる犯罪についても捜査をすることができる。

② 検察官と他の法令により捜査の職権を有する者との関係は、刑事訴訟法の定めるところによる。

第一五条（検察官の等級）

① 検事総長、次長検事及び各検事長は一級とし、その任免は、内閣が行い、天皇が、これを認証する。

② 検事は、一級又は二級とし、副検事は、二級とする。

被疑者の弁解

収入役

市のトップは市長。これを補佐するのが副市長と会計管理者である。会計管理者というのは聞き慣れない役職だが、市の会計事務をつかさどっている（地方自治法第一七〇条第一項参照）。かつては、副市長に相当するのが助役、会計管理者のそれは収入役だった。市の会計事務の一つが現金の出納及び保管である。市が出納・保管する現金は、通常、指定金融機関その他の確実な金融機関に預金されている。この預金を「公金預金」という。

今から三十数年前だが、人口が約五〇万人、財政規模が約二八〇〇億円のY市では、現金の預金先、預金の種別（例えば定期預金か通知預金か）、預金する金額や期間について、収入役が慣行上独自の判断で決めていた。

収入役を巡る汚職事件

警察は、Y市の収入役熊坂慎吾が高級クラブで豪遊し、愛人を囲い、その私生活は乱脈を極め、金融機関の関係者が公金預金を獲得するため収入役室に「熊坂詣」と称されるほど頻繁に出入りしているとの風評を聞き込み、捜査を開始した。

その後、警察は、熊坂がH相互銀行の役員らから同行への公金預金等に関し、便宜を図った謝礼として現金を受け取っていたことを突き止め、熊坂を収賄容疑で逮捕し、検察庁に送致（以下「送検」）した。

この捜査の過程で、熊坂は、余罪としてS銀行A支店長の森永泰之からも現金二〇万円をもらい、A支店に市の公金数億円を預金するなどの便宜を図ったことを自供した。

警察は、森永を熊坂収入役に対する贈賄容疑で逮捕して送検した。既に森永はA支店からランク上位のB支店の支店長に昇進していた。

私は森永を勾留して取り調べたが、森永は容疑を否認し、その上、

「天下のS銀行ですよ。たかだか数億円の預金が欲しくて、収入役に現金を持って行きませんよ」

と弁解した。

当時、大手都市銀行であるS銀行A支店の預金高は約五〇〇億円に上っていたが、森永の強気の姿勢にかえって不自然さを感じた。

事件当時の年度でみると、A支店はY市から定期預金四億円、通知預金二億円の計六億円の預金を獲得していた。この六億円の預金が森永のいう「たかだか数億円の預金」のことだが、果たして「たかだか」だったのか、この際、徹底的に、その弁解の真偽を確かめようと思った。

事件の背景

事件の背景に、S銀行の業績表彰制度と森永自身の境遇という問題があった。

S銀行では、支店を四グループに分類し、業績等を競争させ、毎年上期と下期に、優れた業績を挙げた支店を頭取名で表彰する制度を設け、預金高の増強や収益の向上等に努めていた。

業績表彰は、評価項目（期中の預金・資金残高の期中平残の増加高・増加率、目標達成度のほか、利ざや、粗利益、他銀行との比較等）を基準に、評価ポイントを定め、その合計点で六段階評価を行い、上位ランクの支店のみを表彰して賞金を与えるものだった。

賞金は行員のレクリエーション活動や慰労会の費用などに充てられていた。また、業績表彰の評価は、支店長を含めた行員のボーナス査定や人事考課にも反映させていた。

事件の前年、A支店は上期、下期とも連続して業績表彰から外れた。このことは、従来、各地の支店長として輝かしい実績を残してきたと自負する森永にとっては、極めて屈辱的な出来事だった。

当時、森永と同期入行の四六名のうち、六名が取締役、七名が理事になっていた。理事より一ランク下の参事に過ぎない森永は、年度中にA支店の支店長としての在職期間が約三年になるため、異動対象者となっていた。仮にA支店が上期も業績表彰から外れると、森永が関連会社に出向を命じられることは、ほぼ確実だった。

このような状況下にあった森永は、強い焦りを感じ、なりふり構わず、A支店長よりランク上位の支店長への昇格を目指し、業績表彰を受けるべく、預金獲得に奔走していたの

である。特に、業績評価ポイントに大きく反映する大口定期預金や通知預金を獲得するこ
とを企図し、Y市の公金預金をそのターゲットの一つとしたが、その確実な実現のために
は熊坂収入役に賄賂を供与する必要があると考えた。

検証

森永をはじめA支店の行員の努力の結果、事件当時の上期においてA支店は業績表彰を受けた。

そこで、私は警察に指示し、A支店がY市から獲得した六億円の公金預金が支店の業績表彰を決める際にどの程度の影響があったのかを一から検証させることにした。実際、銀行側にとって紙ベースで一から積算をやり直すという煩雑で困難な作業だった。

ようやく出た検証の結果によると、六億円の公金預金は、A支店の評価ポイントを大きく引き上げる要因になっており、もし、この預金がなければ、A支店は業績表彰の評価ポイント数に達していなかったことが分かった。

こうして、六億円の公金預金が「たかだか数億円の預金」でなかったことを突き止めた

のである。この検証の結果は森永の強気の姿勢を崩させた。

勾留延長満了日の数日前、森永は、警察の取調べで、熊坂収入役への贈賄の事実を全面的に認め、私の前でも、その供述を覆すことがなかった。

勾留満了日、私が森永に罰金で処理する旨を告げたところ、森永も異議がない旨の請書に署名した。一旦、森永を釈放し、翌日、簡易裁判所に対し、森永を贈賄罪で略式起訴し、同時に罰金二〇万円の科刑意見を付して略式命令の請求をした(注)。

後日、森永に対し罰金二〇万円の略式命令が発付された。森永も罰金を納付し、正式裁判の請求をしなかったため、略式命令は確定した。

被疑者の弁解は封じてはならず、その真偽を確かめるのは当然だが、弁解の中に、時として真相に近づくヒントが隠されていることも少なくないように思う。森永自身、六億円の預金の重要性を十分に分かっていたからこそ、思わず、あのような弁解が口から出たのであろう。

(注) 略式命令は、被疑者に異議がない場合に、簡易裁判所が検察官の請求により正式裁判によらないで検察官提出の書類に基づき、一〇〇万円以下の罰金又は科料を科す命令である

（刑事訴訟法第四六一条、第四六一条の二）。略式命令の請求は、起訴と同時に書面で行わなければならない（同法第四六二条第一項）。この場合の起訴を略式起訴という。略式命令を受けた者が罰金又は科料を納付すれば手続は終了する。不服があるときはその告知を受けた日から一四日以内に正式裁判を請求することができる（同法第四六五条第一項）。

▼関係法令

刑事訴訟法第二〇三条第一項（司法警察員の手続、検察官送致の時間制限）

司法警察員は、逮捕状により被疑者を逮捕したとき、又は逮捕状により逮捕された被疑者を受け取つたときは、直ちに犯罪事実の要旨及び弁護人を選任することができる旨を告げた上、弁解の機会を与え、留置の必要がないと思料するときは直ちにこれを釈放し、留置の必要があると思料するときは被疑者が身体を拘束された時から四八時間以内に書類及び証拠物とともにこれを検察官に送致する手続をしなければならない。

刑事訴訟法第二〇五条第一項（司法警察員から送致を受けた検察官の手続、勾留請求の時間制限）

検察官は、第二〇三条の規定により送致された被疑者を受け取つたときは、弁解の機会を与え、留置の必要がないと思料するときは直ちにこれを釈放し、留置の必要があると思料するときは被疑者を受け取つた時から二四時間以内に裁判官に被疑者の勾留を請求しなければならない。

刑事訴訟法第二〇七条（被疑者の勾留）

① 前三条の規定による勾留の請求を受けた裁判官は、その処分に関し裁判所又は裁判長と同一の権限を有する。（以下、④まで略）

⑤ 裁判官は、第一項の勾留の請求を受けたときは、速やかに勾留状を発しなければならない。（以下略）

刑事訴訟法第二〇八条（起訴前の勾留期間、期間延長）

① 前条の規定により被疑者を勾留した事件につき、勾留の請求をした日から一〇日以内に公訴を提起しないときは、検察官は、直ちに被疑者を釈放しなければならない。

② 裁判官は、やむを得ない事由があると認めるときは、検察官の請求により、前項の期間を延長することができる。この期間の延長は、通じて一〇日を超えることができない。

取調べ

不正ローン詐欺

昭和の時代の話だが、大阪地検特捜部は、マスコミの敏腕記者から情報を得て、内偵捜査を進め、不正ローン詐欺事件を摘発した。

事件の概要は次の通りである。

不動産販売業を営む二星不動産株式会社（代表取締役二星彰和）は、別荘地を開発し、在阪大手の淀川百貨店と販売提携をした上、西洋住宅ローン会社と提携住宅ローン契約を結び、淀川百貨店を売主として別荘地の分譲販売を行っていたが、経営不振で多額の債務を抱え、資金繰りに窮するようになった。

そこで二星社長は、淀川百貨店外商部の大野洋介部長らに協力を求め、架空名義による住宅ローン詐欺を画策した。

二星社長らは、名義を借りた従業員やその家族等一六四名に分譲地を販売した旨の架空の売買契約書と長期の住宅ローン借入申込書を作成し、これらを西洋住宅ローン会社に提出してローンを申込み、前後九回にわたり、同会社にローンを実行させ、淀川百貨店の預金口座に合計八億六〇〇〇万円を振込入金させて騙し取った。

ローン実行の都度、二星不動産は淀川百貨店から土地仕入代金の支払を受けて資金繰りを行い、ローンの名義人に代わり毎月の返済金を支払っていた。いわば長期かつ低利のダミーローン金融といえるものだった。

この事件は、後記の通り、淀川百貨店の幹部社員を巻き込んだ商法違反（特別背任）を伴う不正融資事件に発展し、マスコミを賑わすことになった。

事件応援

特捜部は、不正ローン詐欺事件で二星社長や大野部長らを詐欺容疑で逮捕した。私は、応援検事として共同捜査に加わり、大野部長の取調べを担当することになった。

主任検事から私への指示は、

「大野の取調べを担当してもらう。西洋住宅ローンから告訴されている身だから、すべて正直に話すだろう。君は大野の話を調書に取ればよいだけだ」

というものだった。

強制捜査の当日、私は、管内の区検の調室で、検察事務官に任意同行された大野に逮捕状を執行し、詐欺の被疑事実を読み聞かせて弁解を聴いた。

大野は、意外なことに黙秘した。

主任検事に、取調べ内容を報告すると、

「そのうち認めるだろう」

と、それほど気にする様子はなかった。

ところが、勾留後も、大野は雑談には応じるものの、数日経っても、詐欺容疑を否認し、勾留延長後も事件の核心に触れる供述を拒み続けた。

さすがに、主任検事も少し焦り出し、

「どうして、大野は自白しないんだ。ほかの共犯者は自白しているんだがね。君の調べに問題があるとは思えないが……」

と、私を詰問する。

「申し訳ありません。努力します」

と答えるしかなかった。

かくして私は、その年の一二月から翌年二月下旬までの約八〇日間、毎日のように大野の取調べのため拘置所の検事調室に通った。

業績一覧表

私は大野の取調べを続けた。

取調べを終え、帰宅途中、「なぜ、大野は真実を話そうとしないのか」と、毎日、自問自答した。

ある日、大野のことを考えた。彼は根っからの悪人ではないし、大手百貨店の部長職にある。そうだ、彼という人間を十分理解できていないのは、むしろ自分なのかもしれない。そう思い、私は数日かけて、大量の押収証拠品から関係書類を探し出し、大野がどのような仕事をし、業績を残しているのかを一つ一つ調べてみた。

その結果を一覧表にして分析すると、淀川百貨店に対する大野の貢献度が極めて高いことが分かった。

翌日の夜、私は拘置所の検事調室で大野の取調べを始めた。

「大野部長、今日は良いものを持ってきたよ」

と切り出した。

「何ですか」

「何でしょうね」

「検事さん、焦らさないでくださいよ」

「分かったよ」

立会事務官に私が作成した一覧表を大野に見せるよう指示した。

立会事務官がカバンから一覧表を取り出し、机の上に広げた。

「大野部長、説明しなくても分かるだろう」

「はい」と、返事した大野は、黙ったまま、暫し一覧表を凝視していた。

狭い部屋は石油ストーブの暖気で暖められ、外の寒気を忘れさせる。静寂の時間だけが流れている。

やっと顔を上げた大野は
「検事さん、この表、自分の房に持って帰らせてくれませんか」

と言った。

「それはだめだよ」

「もう少し、見ていてもかまいませんか」

と頼む大野。

「まあ、いいだろう」

私は大野が気の済むまでそのままにして様子を眺めていた。

いつしか、大野の表情が少し和らいだように思われた。

「検事さん、ありがとうございます」

大野はそう言って頭を下げた。

「そろそろ、事件のことを話しても良い時期だろう」

と、私が促すと、

「検事さん、それは止しましょう。私から少し話をしてもいいですか」

と、大野は言い出した。

一覧表を見ながら、大野は、淀川百貨店が二星不動産と締結した別荘地の分譲販売提携の仕組みを私にも分かるように説明してくれた。

要するに、淀川百貨店が、例えば、五〇〇〇万円の分譲地を販売仲介した場合、売主でないので、売上計上できるのは、販売代金の一〇％の手数料収入五〇〇万円にすぎない。ところが淀川百貨店が二星不動産から分譲地を四五〇〇万円で仕入れ、売主として顧客に販売すれば、販売代金の全額五〇〇〇万円を売上計上できる。しかも、販売代金の入金段階で、売上と同時に二星不動産からの仕入れを計上するという、いわゆる売上仕入れの業態を取っていた。このような方法で、大野は淀川百貨店の売上増加に貢献したというのである。

一覧表を大野に見せた翌日だった。

「検事さん、昨日はありがとうございました。詐欺は認めますよ」

大野はそう言って逮捕事実の詐欺容疑を認めた。

大野から、詳しく犯行状況を聴取して供述調書を作成し、読み聞かせたところ、大野は素直に調書に署名した。ただ、上司が事件にどのように関与したのか、その話になると、大野の口は堅かった。

勾留延長満了日、特捜部は、大野を西洋住宅ローン会社に対する詐欺罪で起訴した。

年賀状

大野が真相を供述し始めたのは、年が明けた一月二日か三日だった。

私は、拘置所の検事調室で、いつものように大野の取調べを始めた。

大野の顔をみると、気落ちしたような感じで元気がなかった。

「新年早々、気のない顔をしているね、何かあったのか？」

と、訊いてみた。

すると、大野は、

「検事さん、年賀状が……」

と言い出した。

「年賀状がどうしたんだね。拘置所にも大野部長宛の年賀状が届いているだろう」

「はい、届いていますが、淀川百貨店の関係者からのものが一枚もないのです。私を可愛がってくれ、引き上げてくれた堀井さんだけは、年賀状をくれると思っていました。せめて頑張れなどと添え書きしたものを……」

と、大野は言葉を切った。明らかに落胆した表情だった。

堀井といえば、淀川百貨店の実力会長だ。堀井会長から年賀状をもらわなかったことがよほどショックだったのだろう。痛いほど大野の気持ちが分かる。

「大野部長、組織というものはそんなものですよ」

と、私が言うと、

「はい」と、大野は小さく頷いた。

こうして淀川百貨店から見放されたことを悟った大野は、上司が関与する商法違反（特別背任）容疑についても正直に話し始めた。

特別背任

前述の通り、二星不動産と淀川百貨店との販売提携の仕組みは、淀川百貨店が二星不動産から仕入れた分譲地を顧客に販売した後、住宅ローン審査を経てローンが実行され、淀川百貨店の預金口座にローン金が振込入金されると、その都度、土地仕入代金が淀川百貨店から二星不動産に支払われるものだった。

二星不動産は、資金繰りに窮する余り、淀川百貨店から通常の方法で土地代金の支払を待つだけの資金の余裕がなくなってきた。

そこで、二星社長は、顧客との間で分譲地の売買契約が成立し、顧客がローンの借入申込をした時点で、淀川百貨店の大野部長に、「近くこれだけのローンが実行される見込み」があるとして、未実行のローンを引当てに土地仕入代金の前渡（前渡金）を請求するようになった。

前渡金の請求があると、大野部長は、独断で未実行のローンを引当てに淀川百貨店の約束手形で前渡金の支払に応じていた。このような方法は、前記の西洋住宅ローン会社に対する詐欺の犯行が始まった後においても、同様に継続されていた。

その後、前渡金の請求が増えてきたことから、大野部長は、上司の越智直弘店次長に名義借りのローンや前渡金支払の実情を打ち明けた。

越智店次長は、前渡金の支出を中止すれば、二星不動産が資金繰りの道を断たれ、直ちに倒産し、自己ら幹部の責任が表面化することを考え、このような事態を避けるため、前渡金を回収できる見込みがないのに、大野部長と共にその任務に背き、二星不動産に対し未実行のローンを引当てに約束手形（額面合計約九億円）で前渡金を支払った。

その頃、ローン保険の損害保険会社が匿名の者から不正があるとの密告により、調査を開始したところ、多数のローン借入者が申込書記載の場所に勤務していないことが判明した。直ちに、損害保険会社が西洋住宅ローン会社や淀川百貨店に通報したため、同日以降のローンの実行が中止された。その結果、淀川百貨店は二星不動産に支払済みの前渡金約九億円に相当する損害を被ったのである。

特捜部は、所要の捜査を遂げ、越智店次長、大野部長及び二星社長を特別背任罪で起訴した（注）。

取調べとは

ある時期から、大野は、私の取調べを受けるのが楽しみになり出したようだった。

「検事さんは、いろんな人からいろんな話が聞けて、良い仕事ですね」

と、大野から羨ましがられた。

そんな大野から、百貨店業界の実情や興味深い裏話を教えてもらった。

当時、各百貨店の営業担当者同士の宴席では、売上高が少ない百貨店の順に上座に座っていたそうだ。上座に座る担当者はさぞかし居心地が悪かったことだろう。大野自身のことといえば、売上を伸ばすため、業界では珍しい墓石の販売まで手掛け、業界関係者の度肝を抜いたという。

いつしか、私も百貨店の部長や役員になったつもりで、デパートの将来像等について大野と議論するようになった。

取調べは、単に犯罪の嫌疑を明らかにするためのものだけではない。被疑者の立場を思いやり、いわばその人生を追体験しながら、被疑者に真相を語らせ、反省を求める場である。被疑者にとっては、検事と共に自らの人生を冷静に見つめ直し更生の道を模索する機会でもあると思う。

（注）特別背任罪は身分犯であるところ、越智は淀川百貨店の店次長として、大野は外商部長として同店の仕入業者に対する買掛金の支払や前渡金支出等の業務を担当していたので、商法第四八六条第一項にいう「営業ニ関スル或種類若ハ特定ノ事項ノ委任ヲ受ケタル使用人」に該当し、特別背任罪の主体となる（伊藤榮樹ほか『注釈特別刑法第五巻経済刑法Ⅰ』

立花書房、一九八六年、一二八頁【伊藤榮樹】参照）。一方、身分がなく、淀川百貨店に対し任務を負っていない二星社長は、刑法第六五条第一項により越智や大野と特別背任罪の共犯となるが、同条第二項に従って刑の軽い同法第二四七条（背任罪）の刑で処断されることになる。

▼関係法令

刑法第二四六条第一項（詐欺）

人を欺いて財物を交付させた者は、一〇年以下の懲役に処する。

刑法第二四七条（背任）

他人のためにその事務を処理する者が、自己若しくは第三者の利益を図り又は本人に損害を加える目的で、その任務に背く行為をし、本人に財産上の損害を加えたときは、五年以下の懲役又は五〇万円以下の罰金に処する。

刑法第六五条（身分犯の共犯）

①　犯人の身分によって構成すべき犯罪行為に加功したときは、身分のない者であっても、共犯とする。

② 身分によって特に刑の軽重があるときは、身分のない者には通常の刑を科する。

商法第四八六条第一項（発起人・取締役等の特別背任罪）

発起人、取締役、監査役又ハ株式会社ノ第二五八条第二項、第二七〇条第一項若ハ第二八〇条の職務代行者若ハ支配人其ノ他営業ニ関スル或種若ハ特定ノ事項ノ委任ヲ受ケタル使用人自己若ハ第三者ノ利シ又ハ会社ヲ害センコトヲ図リテ其ノ任務ニ背キ会社ニ財産上ノ損害ヲ加ヘタルトキハ七年以下ノ懲役又ハ三〇〇万円以下ノ罰金ニ処ス。

なお、平成一七年法律第八七号により商法第四八六条第一項は、会社法第九六〇条第一項に編入されている。

会社法第九六〇条第一項（取締役等の特別背任罪）

次に掲げる者が、自己若しくは第三者の利益を図り又は株式会社に損害を加える目的で、その任務に背く行為をし、当該株式会社に財産上の損害を加えたときは、一〇年以下の懲役若しくは一〇〇〇万円以下の罰金に処し、又はこれを併科する。

一 発起人

二 設立時取締役又は設立時監査役

三 取締役、会計参与、監査役又は執行役

四 民事保全法第五十六条に規定する仮処分命令により選任された取締役、監査役又は執行役の職務を代行する者

五 （略）

六　支配人
七　事業に関するある種類又は特定の事項の委任を受けた使用人
八　検査役

刑事訴訟法第一九七条第一項本文（捜査に必要な取調べ）

捜査については、その目的を達するため必要な取調をすることができる。但し、強制の処分は、この法律に特別の定のある場合でなければ、これをすることができない。

刑事訴訟法第一九八条（被疑者の出頭要求・取調べ）

①　検察官、検察事務官又は司法警察職員は、犯罪の捜査をするについて必要があるときは、被疑者の出頭を求め、これを取り調べることができる。但し、被疑者は、逮捕又は勾留されている場合を除いては、出頭を拒み、又は出頭後、何時でも退去することができる。
②　前項の取調に際しては、被疑者に対し、あらかじめ、自己の意思に反して供述をする必要がない旨を告げなければならない。
③　被疑者の供述は、これを調書に録取することができる。（以下略）

マルサ

合同捜査

映画「マルサの女」は伊丹十三監督の代表作。「マルサ」とは査察部の通称だ。映画のヒットで国税局査察部や国税査察官（以下「査察官」）の存在が広く知られるようになった。ある脱税事件の話をしたい。

国税局査察部は亀田海運株式会社に対する法人税の脱税の嫌疑で査察調査（犯則調査）に着手した。

会社創業者の亀田大吉は、息子に社長職を譲って会長になっていたが、いまだ会社の実権を握っており、査察調査にも非協力的だった。

査察部は、地検刑事部に合同捜査を要請してきた。

当時、財政経済係検事だった私は、査察官から事案の概要や査察調査の進捗状況について詳細な報告を受けた。

既に査察部では、査察官を大量動員し、亀田海運や亀田会長宅など関係箇所の臨検・捜索を行い、大量の帳簿などを押収して分析を進めていた。

その結果、脱税所得（ほ脱所得）は数億円と見込まれ、仮名・本名預金約八億円を確認したが、亀田会長は脱税（犯則）の犯意を否認しているという。

また、亀田会長の自宅の寝室床下から金の延べ棒三二〇キログラムが発見・押収されていた。当時の時価で約八億円。令和四年一〇月一九日現在、金の店頭買取価格が一グラム八六一七円（田中貴金属工業）だから、一二七億五〇〇〇万円を下らない金塊である。

私は刑事部長の決裁を得て査察部と合同捜査を行うこととした。一方、査察部は検察庁内に「帳場（調査拠点）」を置いた。

多くの査察官が、周辺のビジネスホテルや旅館に泊まり込み、検察庁の「帳場」で深夜遅くまで大量の証拠物や記録に埋もれながら、刑事告発に向け、査察調査に専従した。当時、自宅に一週間に一度も帰らない強者の査察官も珍しくなかった。

査察部長

ある日、査察部長が私の部屋に顔を出した。

いつもと少し様子が違っていた。

「実は、国会議員のX先生から刑事告発を見送ってほしいとの陳情があったのです。『検察との合同調査になったので、我々にはどうにもなりません』と申し上げ、何とか陳情を撥ね除けることができました」

査察部長はそう言って陳情の件を打ち明けた。

「国税としては、そう言うしかありませんね」

と、私は皮肉を込めて言った。

「検察に矛先を向けてしまい、申し訳ありません。査察部は告発に向けて全力で頑張りますのでよろしくお願いします」

と語気を強め、査察部長は頭を下げた。その顔には悲壮な決意すら見て取れた。

一方、亀田海運側は次の手を打ってきた。

数日後、亀田海運から依頼を受けた大物弁護士二人が刑事部長に陳情したが、刑事部長から「事件は主任検事に任せている」と言われたという。そのため、私が弁護士と応対することになった。

弁護士から、

「今回の事件は刑事告発するような事案ではない。亀田会長も脱税の事実を認めていると聞いています。課税処分にとどめるべきではありませんか」

などと、再考を求められた。(注1)

「脱税の証拠が十分収集できれば、告発を受けたいと考えています。そのつもりで捜査しています」

と言って、お引き取り願った。

私は、刑事部長に弁護士の申出を断ったことを報告すると、

「この際、君が亀田会長を直接調べて心証を取りなさい」

と、指示された。

会長の取調べ

査察調査が進み、脱税（犯則）所得や税額もほぼ確定していた。

これまでの経緯を考えると、亀田会長はかなり手強い相手だと想像しながら、私は取調べを始めた。

査察調査で、亀田会長が保険金収入の除外について脱税（犯則）の犯意を否認していたので、その言い分を十分に聴いた。亀田会長の言い分は一応理屈も通っていて、収入除外の犯意があったとは必ずしも断定できないように思われた。それを犯則所得に含めない事件処理もできそうだった。

引き続いて、その他の科目について順次確認すると、亀田会長は、いずれについても手口や犯意も認め、素直に反省の態度も見せた。最後に聴取内容を調書に録取して読み聞かせると、亀田会長は素直に署名した。

亀田会長は、厳しく追及されるものと覚悟していたようだったが、私が、

「これで調べは終わります」と告げると、亀田会長はニコニコしながら「今日は、お世話

になりました」

と言って退室した。

私は刑事部長に、

「亀田会長は私の調べに素直に応じ、おおむね、犯則の犯意も手口も認め、調書に署名しています。亀田会長の言い分を認めると、犯則所得は減額することになりますが、公判維持に問題はないと思います」

と報告し、処理方針の了解を得た。

査察部にも検察の方針を伝え、後日、査察官と検察官による告発要否勘案協議会(注2)を経て、査察部から告発を受理し、亀田海運と亀田会長を法人税法違反の罪で起訴した。

後日談

数日後、亀田会長が私を訪ねてきた。

亀田会長は鞄から起訴状の謄本を取り出し、

「ここに書いている税金を全額納めてきました。これで終わりですよね。検事さん、お世話になりました」

と、にっこり笑って礼を言った。

どうも、起訴状を納税告知書と同じだと思って納税したようだった。

これにはいささか閉口したが、亀田会長には、

「これから、まだ裁判がありますよ」

と説明すると、

「そうなのですか、分かりました。裁判は直ぐに終わらせます」

そう言って亀田会長は退室した。

亀田会長は、裁判でも起訴事実を認めた。

裁判所は、亀田海運に罰金一五〇〇万円、亀田会長に懲役一〇月、執行猶予二年の判決を言い渡した。

検察は法と証拠に基づき適正に事件の処理を行うべき責務がある。これに抗おうとする何者にも屈しない最後の砦にならなければならない。査察部との合同捜査を行う都度、その思いを強くしていた。

（注1）査察調査の結果、数は少ないが、刑事告発に至らないこともある。このような場合は、査察調査で得られた資料は課税部門に引き継がれ、通常、課税処分が行われる（最判一小昭和六三年三月三一日・判例時報一二七六号三九頁参照）。

（注2）実務では、告発要否勘案協議会で検察官が告発後起訴の見込みがあるか否かを判断し、見込みがある事件のみ告発を受理する運用が定着している。

▼関係法令

法人税法第一五九条第一項（罰則）

偽りその他不正の行為により、（中略）法人税の額につき法人税を免れ、又は（中略）の規定による法人税の還付を受けた場合には、法人の代表者（中略）、代理人、使用人その他の従業者（中略）でその違反行為をした者は、一〇年以下の懲役若しくは一〇〇〇万円以下の罰金に処し、又はこれを併科する。

なお、令和二年法律第八号による法人税法改正前は、法定刑は、「五年以下の懲役若しくは五〇〇万円以下の罰金に処し、又はこれを併科する。」である。

法人税法第一六三条（両罰規定）

法人の代表者（人格のない社団等の管理人を含む。）又は法人若しくは人の代理人、使用人その他の従業者が、その法人又は人の業務に関して第一五九条第一項若しくは第三項（法人税を免れる等の罪）、第一六〇条（確定申告書を提出しない等の罪）又は前条の違反行為をしたときは、その行為者を罰するほか、その法人又は人に対して当該各条の罰金刑を科する。

国税通則法第一五五条（告発）

当該職員は、次に掲げる犯則事件の調査により犯則があると思料するときは、検察官に告発しなければならない。

一　間接国税以外の国税に関する犯則事件

二　申告納税方式による間接国税に関する犯則事件（酒税法第五五条第一項又は第三項（罰則）の罪その他の政令で定める罪に係る事件に限る。）

第一号にいう「間接国税以外の国税」とは、所得税、法人税、相続税等をいい、「間接国税」とは、課税貨物に課される消費税、酒税、たばこ税などをいう。間接国税であっても、課税資産に対する消費税に関する犯則事件は、「間接国税以外の国税に関する犯則事件」に含まれる。

なお、平成二九年度税制改正（平成二九年法律第四号・平成三〇年四月一日施行）により国税犯則取締法は廃止され、直接国税の犯則事件の告発に係る同法第一二条の二などの手続規定は国税通則法に編入された。

動　機

捜査の端緒と経過

ある日の午前九時、警察に一一〇番通報があった。

「昨日から、姉の幸代に何度も電話を掛けても応答がないので、今朝、姉の家に行くと、居間で姉が死んでいました。首に絞められた跡があります。直ぐ来てください」

警察は、直ちに所轄警察署に老女殺人事件の捜査本部を設置し、被害者の死体の検視、解剖、現場の実況見分、周辺の聞き込みなどの捜査を開始した。

被害者は一人暮らしの南野幸代（六七歳）だった。

検事は、南野宅に臨場し、その後司法解剖にも立ち会った。

居間には、物色された形跡がなかったが、唯一、その場に被害者のハンドバッグが残され、ガマ口の留め金に血痕が付着していた。

台所の流し場の洗い桶に、来客用湯飲み茶碗二個と小皿二枚が残され、湯飲み茶碗から遺留指紋が、ホーム炬燵の天板から掌紋が採取された。

死体の検視と司法解剖の結果、死体の頸部に二条の索状痕が認められ、死因は頸絞による窒息死と推定された。

警察は、現場で採取した遺留指紋と掌紋をもとに犯歴照会を行った。

湯飲み茶碗の遺留指紋が吉永梅子（六四歳）の右手中指の指紋と、ホーム炬燵の掌紋が梅子の左掌紋と、ガマ口の留め金に付着していた血痕の血液型が梅子の血液型と、それぞれ一致した。梅子には窃盗等の前科五犯があった。

梅子が被害者を殺害した容疑が濃厚となった。

併行して警察が梅子の交友関係を中心に捜査を進めていたところ、梅子の知り合いの女性Aから、梅子に大島紬の着物一着（時価三〇万円相当）と現金九万円を盗まれた旨の被害届が二か月前に提出されていた。その上、警察は、梅子が知人Bから借りた現金五〇万円を返済できず、その詫びとして大島紬の着物を差し入れているとの情報を摑み、直ぐにBから当該着物の任意提出を受けてAに見せたところ、Aは盗まれたものに間違いないと供述した。

そこで、警察は着物と現金の窃盗容疑で梅子の逮捕状を取り、全国に指名手配した。

二日後、警察は梅子を窃盗容疑で逮捕して取り調べた。梅子は、窃盗の事実を全面的に認め、被害者の殺害についても大筋で認めた。

翌日、警察は殺人容疑で梅子の逮捕状を取り、窃盗事件では梅子を釈放し、殺人容疑で再逮捕して送検した。

検事は梅子の弁解を聴き、勾留状の発付を得て、梅子を勾留した。

勾留後の捜査

本件では、梅子が被害者の殺害を認め、これを補強する物的証拠があるので、梅子が犯人であることは間違いなかった。

検事は、梅子を取り調べたが、被害者の殺害を認めるものの、動機については「些細なことで口論になり、カッとなって殺したが、金銭目的ではない」と弁解した。

前述の通り、現場の居間には物色された形跡はなかったが、唯一、被害者のハンドバッグのガマ口の留め金に梅子の血痕が付着していたので、金銭目的で犯行に及んだ可能性が高いが、被害者が一人暮らしだったため、捜査しても、バッグの中に現金が入っていたかどうかは分からなかった。

梅子の勾留後も、警察は、梅子に対し、血痕がハンドバッグのガマ口の留め金に付着していた理由を追及しながら、粘り強く取調べを続けた。

ようやく、勾留七日目に、梅子は、被害者から現金を奪い取ったことを認め、犯行に至る経過についても詳細に供述した。

動機と犯行状況

梅子は、窃盗を重ね、服役し、刑務所を出所後、家政婦として入院患者等の付添いをしながら、各地を転々としていたが、半年前から仕事をせずに友人宅を泊まり歩き、借財を重ね、その挙げ句、知人Bから借りた現金五〇万円の返済を迫られていた。そのため、知人Aから大島紬の着物を盗み、Bに差し入れて返済を一時猶予してもらっていた。

以前、被害者が小金を貯めて家を新築して一人暮らしをしていることを聞き及んでいたことを思い出し、梅子は、被害者を訪ね、言葉巧みに近づいてひとまず顔見知りとなった。翌日、梅子は再び、被害者を訪ね、居間で、現金三〇万円の借財を申し込んだが、断られてしまった。被害者を脅せば、気が変わると思い、梅子は被害者の顔を二回殴って、その場に押し倒したものの、逆に被害者から人差し指を噛まれ、強く抵抗されてしまった。梅子は、被害者と顔見知りになっていたため、この際、被害者を殺害して金を奪おうと決意し、被害者着用のネッカチーフや包装用のひもで被害者の首を絞めて殺害したという。

梅子は、被害者のハンドバッグの中から現金三万二〇〇〇円を奪ったあと、被害者に噛まれた指の血止めをするため、被害者方の台所にあった布巾を使ったことや、その布巾を逃走途中に投げ捨てたことなどを詳しく供述した。

警察の裏付け捜査の結果、梅子の供述どおり、梅子の血痕が付着した布巾が発見された。

結局、単純な殺人ではなく、より法定刑の重い強盗殺人（刑法第二四〇条後段）だった。

事件の真相を知るには、犯行の経緯を含め、その動機の解明は欠かせない。

▼関係法令

刑法第一九九条（殺人）

人を殺した者は、死刑又は無期若しくは五年以上の懲役に処する。

刑法第二三五条（窃盗）

他人の財物を窃取した者は、窃盗の罪とし、一〇年以下の懲役又は五〇万円以下の罰金に処する。

刑法第二三六条（強盗）

① 暴行又は脅迫を用いて他人の財物を強取した者は、強盗の罪とし、五年以上の有期懲役に処する。

② 前項の方法により、財産上不法の利益を得、又は他人にこれを得させた者も、同項と同様とする。

刑法第二四〇条（強盗致死傷）

強盗が、人を負傷させたときは無期又は六年以上の懲役に処し、死亡させたときは死刑又は無期懲役に処する。

〈コラム〉
金沢雑感

冬の味覚

金沢の冬の味覚といえば、雄ズワイガニのしっとりとした甘味と濃厚なカニミソの独特な旨味だ。地酒ともよく合う。毎年、一一月上旬にカニ漁が解禁され、石川県内の橋立漁港、金沢港、富来漁港、輪島港、蛸島漁港等でズワイガニが水揚げされる。

石川県沖のズワイガニ漁場は港から近く、漁もほぼ日帰り操業のため市場に並ぶカニの鮮度は抜群だ。平成一八年に石川県内の漁業協同組合が一つに統合されたことを契機に、県産の雄ズワイガニの統一名称を一般公募し、「加賀」と「能登」の地名から一文字ずつ取って「加能ガニ」と名づけられたという。

令和三年一〇月に県漁業協同組合は、加能ガニの更なる知名度アップとブランドイメージの浸透を図るため、重さ（一・五kg以上）、大きさ（甲羅の幅で一四・五cm以上）、鮮度の徹底（捕獲日をタグに記載）、資源管理の取組みなど厳格な認定基準を満たした加能ガニの名称を「輝《かがやき》」に決定したという。新たな最高級ブランドの誕生である。

新保

私は、金沢地検検事正当時、加賀市にある料亭「新保」の大女将・福島絹枝さんと知り合い、約一〇年前から毎年、加能ガニの極上の味を求めて、大阪から友人らと新保に通っていたが、コロナ禍の今、一時中断を余儀なくされている。

新保は、創業六〇余年の母店「山本屋」の贔屓客の要望と支援を得て、平成四年に開業。小松空港や加賀温泉駅から車で約一五分。周辺には片山津・山中・山代・粟津温泉がある。東大寺管長・清水公照さん揮毫の暖簾が客を迎える。部屋は個室四つと桟敷があるが、私のお気に入りは、「前山」と名づけられた囲炉裏のある個室で、落ち着いた雰囲気を漂わせている。

店では、近くの橋立漁港で水揚げされたカニ、ふぐなど四季折々の海の幸が提供される。日々、仕入れた鮮魚は、店内に張り巡らせた生け簀に移される。新鮮な食材を新鮮なまま提供するのが新保のこだわりだ。料理は陶芸家が作陶した粋な器に盛られる。器一つにも大女将のセンスが光る。

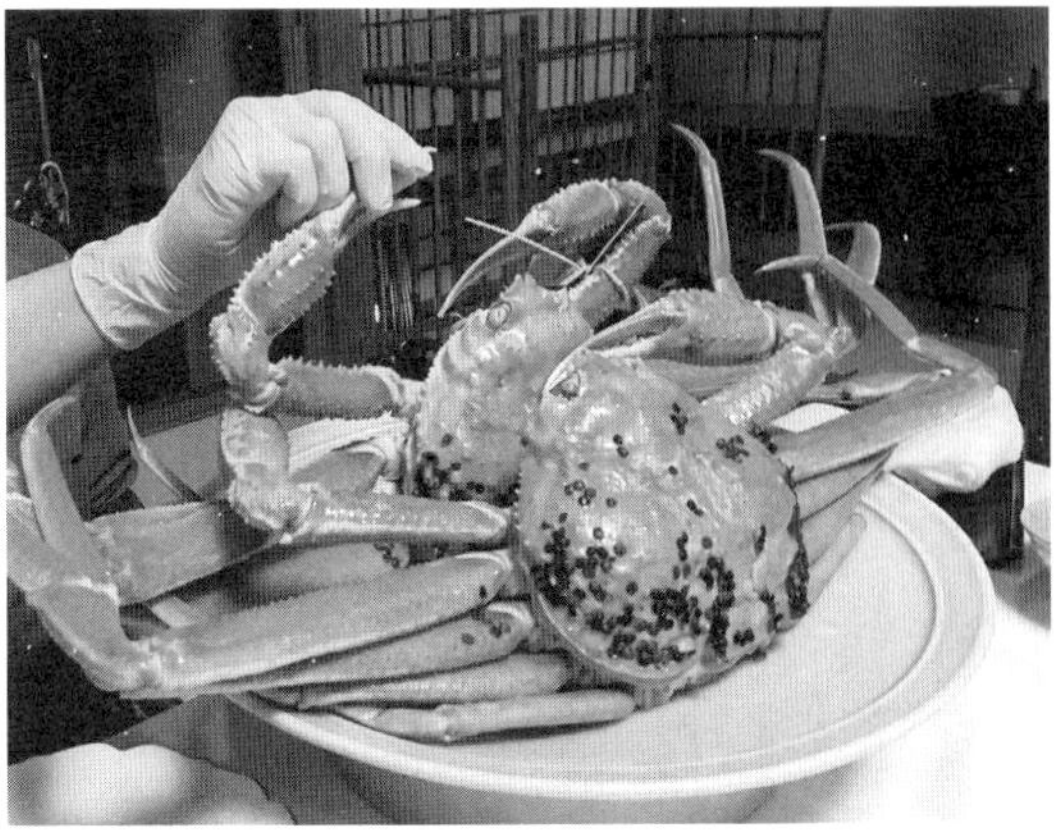
加能ガニ

カニ料理は、加能ガニの刺身、焼き、茹のほか、「香箱ガニ」と呼ばれる雌ズワイガニも提供される。中でも、加能ガニを茹でるときは、係の女性が生け簀から青タグ付きの雄ズワイガニを取り出し、ボールに入れて「今日のカニです」と言って見せてくれる。いつも手のひらよりも大きい立派なカニに感激する。

暫くすると、茹であがったカニが大皿に盛られて部屋に運ばれて来る。

係の女性がカニを手際良く捌く。カニの脚先を折り、それで長い脚の身を押し出し、食べやすくしてくれる。

「はい、ぞうぞ」と言われて手に取って頬張ると、ホクホクとした身がしっとりとして甘い。自然に「これは美味い」と口に出る。

その後、新保自慢の「カニ酒」を堪能する。茹ガニの脚の身を食べ終わった後、大女将が、取り置いた脚殻数本を囲炉裏の金網に載せ、一本ずつ転がしながら炭火で焼く。ほどよく焦げ目がつくと、ガラスのコップに脚殻を一本ずつ入れ、その上から熱燗の地酒を注げば、カニ酒の出来上り。脚殻をストロー代わりにして酒をすするようにして飲む。カニ殻のエキスが酒に溶け込み、香ばしさと相俟って独特の風味がある。ふぐ酒を思い浮かべるかもしれないが、それ以上の絶品だ。おそらくこのような飲み方は外にはあるまい。一度口にすれば忘れることができない味だ。

係の女性がカニの甲羅を剝ぎ取ると、ぎっしり詰まった身と濃厚なカニミソが姿を現す。カニミソを食し、その後の甲羅に酒を注いで飲むのも格別だが、やはり、新保のカニ酒には負ける。

大女将の悩み

最近は、北陸新幹線の金沢開業で観光客が増加したため、加能ガニの人気が高まり、仕入価格が高騰しているのが大女将の悩みだという。

毎回、新保でカニ料理に舌鼓を打ち、大女将の笑顔に安らぎを覚えながら、昔話に花を咲かせて至福のときを過ごし、帰路につく。いつも、新保での心温まるおもてなしに感謝している。

ある年、大女将が何かの話の折に「あるテレビ局から取材の申し込みを受けたことがありましたが、お断りしました」と話し出した。私が「店の宣伝になるからお引き受けされたらよかったのに……」と言うと、大女将は「テレビで紹介されて有名になると、多くの方から予約が入り、これまでご贔屓にしていただいているお客様にご迷惑をおかけしますので、お断りしたのですよ」と答えた。大女将の心意気というか誇りを感じた。

私自身、短期間とはいえ金沢の地で生活して感じたことだが、金沢の人々は親切で優しいが、一面、なかなか心のうちを見せず、よそ者を受け付けないところがあるように思えた。とはいえ、一旦、内側に入れてもらうと、心隔てなく親しく付き合ってくれる。このような接し方は、おそらく金沢の人々の誇り高い気質によるもので、四〇〇年余の加賀藩の歴史と伝統が育み培ったものに違いない。火を燃やし続けるように良き伝統を守り続けてもらいたいと思う。

第二章
検事の実像

モンマルトルの坂

募金詐欺

職業安定法違反

　街中を歩いていると、募金箱を持った若者が、道行く人に、「幼い命を救うために募金をお願いします」などと連呼する光景をよく見かける。

　今や、ＮＰＯ活動が盛んになるにつれ、時にはこれを隠れ蓑にして事件を起こす怪しげな団体も現れる。

　今から十数年前のことだが、「特定非営利団体ＮＰＯ緊急支援グループ」と名乗る団体があった。団体代表者は西城颯太（当時三五歳）といい、街頭募金活動であることを隠し、就職情報誌に「ケーキ作りの補助・試食等のアルバイト」という求人広告で多数のアルバイトを募集し、これに応じた者らと共に街頭募金活動を行っていた。

この情報を入手した府警は、西城らを、「虚偽広告等による労働者の募集を禁止する」職業安定法第六五条第八号（現行法では第九号）違反で検挙して送検した。

検察は、西城らを同法違反の罪で起訴した。

捜査の結果、西城らによる街頭募金活動の実態が明らかになった。

西城は、大阪、京都など関西一円の繁華街に、アルバイトとして雇用した、事情を知らない多数の募金活動員の若者達を配置し、彼らには、募金箱を持たせ、「幼い命を救おう！」「日本全国には約二〇万人の子供達が難病と戦っています」「特定非営利団体ＮＰＯ緊急支援グループ」など大書した立て看板の前で、「難病の子どもたちを救うために募金に協力をお願いします」などと連呼させた。

これに賛同した不特定・多数の通行人から、約二か月間で総額約二四八〇万円の寄付金を集めていた。

寄付金のほとんどは、アルバイト代の支払や西城の個人的な用途に使われ、難病の子どものの支援には充てられていなかった。

このような実態を見ると、明らかな詐欺といえそうだ。直ぐに、西城らを詐欺罪で検挙できると思われるだろうが、事はさように簡単ではない。

詐欺罪の適用の可否

詐欺罪は、個人の財産権に対する犯罪であって、被害者（保護法益）ごとに一つの犯罪が成立する。そうすると、個々の被害者ごとに、犯行日時・場所を明らかにしなければならない。更には、そもそも具体的に詐欺にあった被害者がどこの誰かを特定する必要がある。

街頭募金の場合は、道行く不特定の人々に募金を呼びかけ、これに賛同した人が募金に応じる。一人当たりの寄付額もほとんど一〇〇〇円以下だ。募金に応じた通行人の数は、被害総額に照らすと、延べ一〇万人を超えるものと推定されたが、これらの被害者一人一人を捜し出し、被害を確認することは容易ではない。

捜査を尽くしても限界があった。しかも、実際に、被害者を個別に特定することができたのはわずかに九人だった。その被害額はというと、合計二万円余り。それ以外の被害者は、実在の人物とはいえ、どこの誰かは分からなかった。

府警としては、「西城らの街頭募金活動は、難病の子供達を支援しようとする多くの人々の善意を踏みにじる、極めて悪質な犯罪である。何とか処罰したいので、詐欺罪で事件送致できないか」と、主任検事に相談した。

しかし、被害者が特定できた募金の被害額は二万円余に過ぎず、既に代表者の西城を職業安定法違反の罪で起訴済みなので、仮にこの程度の少額詐欺で追起訴しても、判決の量刑にほとんど差異がでない。

主任検事は詐欺罪での立件には慎重だったが、府警の強い熱意に押され、検事正（地方検察庁の長）だった私の判断を仰ぎに来た。

主任検事の説明を受けて考えた。このような事件は極めて悪質な犯罪だとして詐欺罪で処罰すべきと、府警が考えるのはもっともなことである。これに応えるべく、知恵を出すのが検察の務めだ。

この種の街頭募金の場合、連日、同一内容の定型的な呼びかけをして募金を行うもので、パターン化して個性がない。また、募金に応じた者が自分の名前を名乗らず、立ち去ることからも、匿名性が高いのが特徴である。個々の被害者ごとの被害を考えるよりも、一連の募金活動を一体のものとしてとらえ、被害も被害者全体で考えるのが事の実態に即していると思った。

そうすると、形式的には個々の被害者（保護法益）ごとに数個の罪が成立していても、法的には一連の募金活動を包括的に一つの詐欺罪として評価するのが自然な解釈であろう。このように解釈できるとしても、次に問題となるのは被害額をどのようにして特定するかである。

この事件では、西城の指示を受けた者が、街頭募金で騙し取った大量の硬貨等（合計約一五五〇万円）を、偽名を使って金融機関で一万円札等の高額紙幣に両替していた。そこで、判明している両替日と当該両替金額をもとに全体の被害額を算出することにし、念のため、このような見解について法務省刑事局に照会した。

府警には詰めの捜査を行った上で、約二四八〇万円の詐欺容疑で送致させるよう主任検事に指示をした。

検察は府警から詐欺容疑で事件送致を受けて西城を詐欺罪で起訴した。

また、偽名を使って両替していた行為は、犯罪収益等の取得につき事実を仮装したものと認められるから、組織的な犯罪の処罰及び犯罪収益の規制等に関する法律違反（犯罪収益等隠匿）の罪で西城を追起訴した。

判決

裁判所は、いずれの起訴事実についても有罪とし、実刑判決（懲役五年、罰金二〇〇万円）を言い渡した。

西城は判決を不服として控訴したものの、棄却されたため、上告した。

弁護人は「募金に応じた者の動機は様々であり、錯誤に陥っていない者もいる」などと主張した。

最高裁（平成二二年三月一七日第二小法廷決定・刑集六四巻二号一一一頁）は、「個々の被害者、被害額は特定できないものの、現に募金に応じた者が多数存在し、それらの者との関係で詐欺罪が成立していることは明らかである」として、上告を棄却し、弁護人の主張については、被告人の真意（集めた現金の大半を自己の用途に費消する意思）を知っていれば募金に応じることはなかったと推認されるとして、これを退けた。

その上で、本件募金活動は、「個々の被害者ごとに区別して個別に欺もう行為を行うものではなく、不特定多数の通行人一般に対し、一括して、適宜の日、場所において、連日のように、同一内容の定型的な働き掛けを行って寄付を募るという態様のものであり、かつ、被告人の1個の意思、企図に基づき継続して行われた活動であったと認められる。加えて、このような街頭募金においては、これに応じる被害者は、比較的少額の現金を募金箱に投入すると、そのまま名前も告げずに立ち去ってしまうのが通例であり、募金箱に投入された現金は直ちに他の被害者が投入したものと混和して特定性を失うものであって、個々に区別して受領するものではない。以上のような本件街頭募金詐欺の特徴にかんがみると、これを一体のものと評価して包括一罪と解した原判断は是認できる」と判示した。

最高裁決定は、本件街頭募金詐欺の特徴を踏まえ、限定的な形ではあるが、罪数論における重要な先例となるだろう（従来の判例・学説の分析は判例タイムズ一二二五号八六頁以下のコメント参照）。

なお、やや専門的になるが、最高裁決定は、本件の「罪となるべき事実」の特定について、「募金に応じた多数人を被害者とした上、被告人の行った募金の方法、その方法により募金を行った期間、場所及びこれにより得た総金額を摘示することをもってその特定に欠けるところはない」としており、実務的には参考になるだろう。

検事は、事案の実態を的確に把握し、それに見合う法律の適用ができるよう、常に法律家として知恵を出す努力を怠ってはならないと思う。

▼関係法令

職業安定法第六五条（罰則）

次の各号のいずれかに該当するときは、その違反行為をした者は、これを六月以下の懲役又は三〇万円以下の罰金に処する。

九　虚偽の広告をなし、又は虚偽の条件を提示して、職業紹介、労働者の募集、募集情報等提供若しくは労働者の供給を行い、又はこれらに従事したとき。

刑法第二四六条（詐欺）

① 人を欺いて財物を交付させた者は、一〇年以下の懲役に処する。

② 前項の方法により、財産上不法の利益を得、又は他人にこれを得させた者も、同項と同様とする。

刑事訴訟法第三三五条第一項（有罪判決に示すべき理由）

有罪の言渡をするには、罪となるべき事実、証拠の標目及び法令の適用を示さなければならない。

検察庁法第九条（検事正）

① 各地方検察庁に検事正各一人を置き、一級の検事を以てこれに充てる。

② 検事正は、庁務を掌理し、且つ、その庁及びその庁の対応する裁判所の管轄区域内に在る区検察庁の職員を指揮監督する。

組織的な犯罪の処罰及び犯罪収益の規制等に関する法律第一〇条（犯罪収益等隠匿）

① 犯罪収益等（中略）の取得若しくは処分につき事実を仮装し、又は犯罪収益等を隠匿した者は、五年以下の懲役若しくは三〇〇万円以下の罰金に処し、又はこれを併科する。犯罪収益（中略）の発生の原因につき事実を仮装した者も、同様とする。

②、③（略）

割引国債

査察調査

　ある日、国税局査察部は、環境事業を営む河上興業株式会社に対する法人税の脱税の嫌疑で、河上興業の本社ビル、工場、社長である河上俊治の自宅のほか、取引先、取引金融機関など関係箇所に対し、一斉に臨検・捜索・差押を実施した。

　河上興業本社に臨場した査察官は、現金の残高や有価証券類の現物確認を行い、会計帳簿など大量の証拠物を押収し、併せて、河上社長ら関係者を質問・聴取し、質問てん末書を作成した。

　査察部は、押収帳簿などの証拠物を分析・検討しながら、関係者の質問てん末書の供述内容を精査し、関係者から必要な関係資料を提出させるなどして査察調査を続行した。

河上社長は、売上の一部を除外したことを認めるものの、多額の簿外経費があるなどと主張し、その一方で、脱税で蓄えた債券や貴金属などの資産については、詳細な供述を拒んだ。調査は一時、暗礁に乗り上げた。

査察部は、河上社長に罪証隠滅のおそれがあって、逮捕の必要性があると判断し（査察官には逮捕権限がない）、特捜部に対し告発前の合同捜査の協議を求めてきた。

検察捜査

当時、財政経済係主任検事だった私は、査察官から事案の概要や査察調査の進捗状況等について詳細な説明を受け、河上社長の逮捕の必要があると判断し、特捜部長の決裁を得て、河上社長の逮捕状や関係箇所の捜索・差押令状を取った。

強制捜査の当日、査察部と合同で、河上興業の本社や河上社長の自宅等を捜索するとともに、河上社長に検察庁まで任意同行を求めて取り調べた。

河上社長は、大筋で脱税の事実を認め、脱税の手口についても進んで供述した。捜索の結果、二〇億円を超える割引国債証書等が発見・確認され、脱税所得（ほ脱所得）は、三事業年度で一〇億円を超えるものと見込まれた。

このような状況を踏まえ、ひとまず河上社長の逮捕を見合わせ、在宅で捜査を継続することとし、専ら査察調査を進めさせた。

ところが、捜索時に確認済みの債券以外にも、河上社長が割引国債や無記名割引債券を大量に購入し、それらの証書を隠匿している疑いが濃厚になった。

査察部は河上社長を追及したが、頑として債券証書等の隠匿先を明らかにしない。これでは、河上社長が脱税の事実を認めて反省しているとはいえず、今後の捜査方針を見直す必要が出てきた。

そこで私が河上社長を再度取り調べることにした。

一方、査察部は、査察調査で、河上社長がかなりの恐妻家でありながら、複数の愛人がいるとの情報を摑んでいた。特に、B子という若い愛人を市内に所有するマンションに住まわせるなど生活の援助までしているという。

今回の捜索時には、査察官が河上社長の高級外車の外観のみならず、車の内部まで何枚も写真撮影していた。その中には、助手席の床マット部分を写した写真もあった。よく見ると、床マットが高級で目が細かいせいか、ハイヒールのかかと跡がくっきりと見て取れた。B子が日頃ヒール丈の高い靴を履いていることも確認が取れていた。そうすると、この写真に写されたヒール跡は、B子のものと考えてほぼ間違いない。少なくともB子が河上社長の愛人である傍証になるだろう。もっとも、河上社長は査察調査でB子との愛人関係を認めていない。

この際、河上社長にはB子の件を問い質して観念させ、真実を語らせるしかないと思った。

再度の取調べ

検察庁に河上社長を再度呼び出し、取調べを始めた。

河上社長から事業成功の秘訣や過去の生活状況などを訊くと、河上社長はよどみなく供述した。

頃合いを見て、河上社長に高級外車の助手席床マットの写真を示し、

「よく見てください。ここにヒール跡がありますね。B子さんのものですよね」

と言って追及した。

河上社長の顔色が変わった。

いきなり、河上社長は椅子から立ち上がり、床に両手をつき、土下座した。

「検事さん、妻にはB子のことは内緒にしてくれませんか。お願いします」

と懇願した。

「そんなことはせずに、椅子に座りなさい」と、私が言うと、河上社長は椅子に座り直した。

「社長、夫婦関係を乱すようなことはしませんよ」と、私が穏やかな口調で言った。

すると、河上社長は吹っ切れた様子で、

「実は、残りの証書は貸金庫に隠してあります。直ぐに証書を持ってきます」

と言い出した。

河上社長の言葉を信じて証書を取りに行かせた。

数時間後、河上社長はアタッシュケースを持って私の部屋に戻ってきた。

河上社長は、机の上にアタッシュケースを置き、

「検事さん、残りの証書はこれがすべてです」

と言って、鍵を開けた。

中には、割引国債や無記名割引債券の証書がぎっしりと束になって入っていた。

「全部で額面はいくらなるの?」と、私が訊くと、

「四〇億円はあると思います」

と、河上社長が答えた。

「どこに隠していたんだね」

「銀行の貸金庫です」

「どうして査察調査で見つからなかったの?」

「実は、用心のためにB子名義で貸金庫を借りていたからです」

と、河上社長が打ち明けた。

早速、査察官を部屋に呼び、事情を簡単に説明し、査察官には、河上社長に割引国債や債券の証書を持たせ、国税局で金額などを確認させるよう指示した。

その日のうちに査察部から結果報告があった。

証書の額面総額は四三億円を超えていた。内訳は、割引国債が額面約三五億円、無記名割引債券が額面約八億円で、証書の枚数は、何と計七四三枚だった。

処分と判決

合同捜査の結果、河上社長らは、売上を除外し、架空手数料を計上するなどの手口で、所得で約二〇億円、税額で約八億円を免れていたことが明らかとなった。特捜部は、査察部からの告発を受理し、河上社長と河上興業を法人税法違反の罪で起訴した。

裁判でも、河上社長は起訴事実を認めたが、裁判所は、河上社長に対し、懲役一年四月の実刑判決を、河上興業に罰金二億円を言い渡した。

河上社長は、罰金二億円を納付したものの、実刑判決を不服として控訴したところ、控訴審は、河上社長が一審判決後に、私財から一億三〇〇〇万円を公共福祉関係団体に寄附したことなどの情状を考慮し、一審判決を破棄し、改めて河上社長に懲役一年の実刑判決を言い渡した。

河上社長は控訴審判決を不服として上告したが、上告は棄却されたため、服役することになった。

検事は、容疑者の心情を理解し、その人間関係にも関心を持ちながら、事件と向き合うことが大切だと思う。

▼関係法令

法人税法第一五九条（罰則）

① 偽りその他不正の行為により、（中略）法人税の額につき法人税を免れ、又は（中略）の規定による法人税の還付を受けた場合には、法人の代表者（中略）、代理人、使用人その他の従業者（中略）でその違反行為をした者は、一〇年以下の懲役若しくは一〇〇〇万円以下の罰金に処し、又はこれを併科する。

② 前項の免れた法人税の額又は同項の還付を受けた法人税の額が一〇〇〇万円を超えるときは、情状により、同項の罰金は、一〇〇〇万円を超えその免れた法人税の額又は還付を受けた法人税の額に相当する金額以下とすることができる。（以下略）

なお、令和二年法律第八号による法人税法改正前は、法定刑は、「五年以下の懲役若しくは五〇〇万円以下の罰金に処し、又はこれを併科する。」である。

法人税法第一六三条（両罰規定）

法人の代表者（人格のない社団等の管理人を含む。）又は法人若しくは人の代理人、使用人その他の従業者が、その法人又は人の業務に関して第一五九条第一項若しくは第三項（法人税を免れる等の罪）、第一六〇条（確定申告書を提出しない等の罪）又は前条の違反行為をしたときは、その行為者を罰するほか、その法人又は人に対して当該各条の罰金刑を科する。

架空転入

事件の概要

H市は人口約五〇万人の中核都市。

市長の宮脇文治は、自己の後援会の慰安旅行で、北陸地方のK市の温泉ホテルに宿泊した。その折、仲居の河崎千代（当時五〇歳）と知り合って懇意となり、その後も関係を続け、千代の家にも時々宿泊し、生活費等を援助するようになった。

H市から遠く離れたK市に住んでいた千代は、老後の生活が心配になり、宮脇市長に相談を持ちかけた。

宮脇市長は、千代に健康保険と厚生年金保険の各被保険者資格を取らせ、将来老齢厚生年金を受給させるため、H市内で衣料品メーカー「糸栄」を経営する知人の藤本誠司社長に依頼し、千代をK市に居住したまま形だけ「糸栄」の従業員として雇用してもらおうと考えた。

早速、千代をH市に呼び、秘書係長の高橋信次を伴い、藤本社長と面談し、「千代を形だけ雇用したことにして社会保険に入れてやって欲しい」などと依頼し、その承諾を取り付けた。

藤本社長は、「千代さんのH市の住所はどこにすればいいですか」

と、市長に訊ねた。

市長が思案していると、高橋係長が市長の意を汲み、

「僕の住所に移しましょうか」と提案した。

市長は、「それは良い案だ。そうしてくれ」と指示した。その場で高橋係長は、千代に自分の住所と電話番号を書いた名刺を渡した

その後、千代から転出証明書の送付を受けた高橋係長は、千代がK市からH市に異動した旨虚偽の住民異動届を作成して、転出証明書と共にH市の行政サービスセンターに提出し、住民基本台帳ファイル（電磁的記録）に不実の記録をさせた上、同センターにこれを備え付けさせ、千代をH市に架空転入させた。

他方、藤本社長は、千代を雇用した事業主として健康保険・厚生年金保険の被保険者資格取得届を社会保険事務所に提出し、虚偽の届出を行った。

強制捜査

警察は、千代の架空転入の事実を掴み、関係者を取り調べた。

藤本社長と高橋係長は、おおむね架空転入や虚偽の届出の容疑を認めるものの、千代は宮脇市長との共謀を否認した。

仮に市長を取り調べても、否認される可能性が高く、市長が権限を利用して高橋係長らに圧力をかけるなど罪証を隠滅するおそれも高く、逮捕の必要性があるが、この事件を単なる形式犯だと考えると、市長を在宅で書類送検にとどめることも考えられた。

しかしながら、そもそも、住民基本台帳制度は、市民生活の基盤をなす重要な制度である。これを所管する地方自治体のトップが、住民基本台帳の正確な記録と適正な管理を行う責務があるのに、個人的な思惑で、架空転入に主導的に加功することなど許されるものではない。架空転入の目的は、懇意の女性に将来老齢厚生年金を不正受給させるためのもの。単なる形式犯とみることはできない。その上、被保険者資格取得届を社会保険事務所に提出して虚偽の届出を行っている。やはり強制捜査を行って事件の真相を解明するべき事案だ。

警察は、検察と事前協議の上で、宮脇市長、千代、高橋係長、藤本社長の四人を電磁的公正証書原本不実記録、供用及び健康保険法・厚生年金保険法違反の容疑で逮捕したところ、市長は「私は一切関係がない」などと容疑を否認したが、千代ら三人は市長との共謀の点を含め事実関係を大筋で認めた。

検察は、警察から市長ら四人の身柄送致を受け、電磁的公正証書原本不実記録などの罪で起訴した。

宮脇市長の余罪も判明した。

市長は、藤本社長が経営する会社で長年雇用されていたようにして、同社に自分の社会保険料を納付させ、約三年間にわたり、老齢厚生年金合計約七〇〇万円を不正受給していた。もとより、検察はこの年金受給詐欺についても追起訴した。市長は、裁判ではすべての起訴事実を認め、辞職した。

裁判所は、宮脇元市長に対し、諸般の事情を考慮し、懲役二年六月、執行猶予四年の判決を言い渡した。

公電磁記録不正作出罪の成否

架空転入事件につき、宮脇市長が住民基本台帳ファイル（電磁的記録）の作成権限者であることから、その権限を濫用して電磁的記録を不正に作出したとして公電磁記録不正作出罪（刑法第一六一条の二第二項）に問えないかどうか検討した。

本件では、宮脇市長が、その権限の行使として部下の公務員に虚偽のデータの入力を命じるなどして住民基本台帳ファイルに不実の記録をさせたものではない。そうであれば、公電磁記録不正作出罪は成立しないことになる。

結局、私人である千代が住民異動関係事務を担当する公務員に対し内容虚偽の申立てをするに当たり、市長がこれに加功したものであるから、電磁的公正証書原本不実記録罪が成立する。

いずれにせよ、検事は矜持をもって職務を遂行しなければならないが、その責任も重い。

▼関係法令

刑法第一五七条第一項（電磁的公正証書原本不実記録等）

公務員に対し虚偽の申立てをして、登記簿、戸籍簿その他の権利若しくは義務に関する公正証書の原本に不実の記載をさせ、又は権利若しくは義務に関する公正証書の原本として用いられる電磁的記録に不実の記録をさせた者は、五年以下の懲役又は五〇万円以下の罰金に処する。

刑法第一五八条第一項（偽造公文書行使等）

第一五四条から前条までの文書若しくは図画を行使し、又は前条第一項の電磁的記録を公正証書の原本としての用に供した者は、その文書若しくは図画を偽造し、若しくは変造し、虚偽の文書若しくは図画を作成し、又は不実の記載若しくは記録をさせた者と同一の刑に処する。

刑法第一六一条の二（電磁的記録不正作出及び供用）

① 人の事務処理を誤らせる目的で、その事務処理の用に供する権利、義務又は事実証明に関する電磁的記録を不正に作った者は、五年以下の懲役又は五〇万円以下の罰金に処する。

② 前項の罪が公務所又は公務員により作られるべき電磁的記録に係るときは、一〇年

以下の懲役又は一〇〇万円以下の罰金に処する。（以下略）

健康保険法第四八条（届出）

適用事業所の事業主は、厚生労働省令で定めるところにより、被保険者の資格の取得及び喪失並びに報酬月額及び賞与額に関する事項を保険者等に届け出なければならない。

同法第二〇八条第一項第一号（罰則）

事業主が、正当な理由がなくて次の各号のいずれかに該当するときは、六月以下の懲役又は五〇万円以下の罰金に処する。

一　第四八条（第一六八条第二項において準用する場合を含む。）の規定に違反して、届出をせず、又は虚偽の届出をしたとき。

厚生年金保険法第二七条第一項（届出）

適用事業所の事業主又は第一〇条第二項の同意をした事業主（中略）は、厚生労働省令で定めるところにより、被保険者（中略）の資格の取得及び喪失（中略）並びに報酬月額及び賞与額に関する事項を厚生労働大臣に届け出なければならない。

同法第一〇二条第一項（罰則）

事業主が、正当な理由がなくて次の各号のいずれかに該当するときは、六月以下の懲役又は五〇万円以下の罰金に処する。

一　第二七条の規定に違反して、届出をせず、又は虚偽の届出をしたとき。（以下略）

住民基本台帳法第六条（住民基本台帳の作成）

① 市町村長は、個人を単位とする住民票を世帯ごとに編成して、住民基本台帳を作成しなければならない。
② 市町村長は、適当であると認めるときは、前項の住民票の全部又は一部につき世帯を単位とすることができる。
③ 市町村長は、政令で定めるところにより、第一項の住民票を磁気ディスク（これに準ずる方法により一定の事項を確実に記録しておくことができる物を含む。以下同じ。）をもつて調製することができる。

口利き

職員採用

国や地方公共団体が縁故採用することは法律で禁止されている。

職員の採用は、原則、競争試験によるが、選考（競争試験以外の能力の実証に基づく試験）によることもある。

とはいえ、いまだ縁故採用の口利きは跡を絶っていないようだ。それが汚職事件に発展することも珍しくない。

地方都市のK市では、毎年、職員採用の公募をし、第一次と第二次の試験が実施されていた。第一次試験の結果に基づき、成績上位者から順に、採用予定人員に補欠合格者の数を加えた人数を第一次合格者として発表し、第二次試験では、第一次合格者のうちから、翌年四月一日付けで採用する正規合格者と、当該年度中か遅くとも一年後には採用する補欠合格者とに振り分け、合格者を決定していた。

一方で、職員採用試験の前になると、秘書課長や人事課長のもとに、いわゆる縁故採用の依頼が各方面から続々と寄せられていた。

人事課長は、成績順に受験者の氏名、学歴、点数などのほか、備考欄に、受験者についての採用依頼者の有無、受験者との関係、受験者の親が市職員か否かなどの縁故関係を記載した成績一覧表を作成し、市長の黒石譲吉に提出していた。その後、市長がこの一覧表を見て、恣意的に最終合格者を決定し、これに基づき合格者名簿が作成されていたという。

市長の収賄

K市職員の浦島和雄は、次男の裕次に同市の職員採用試験を受験させることにしたが、競争率が高く、裕次の実力では到底合格することは難しいと思い、地元有力者の阪本太助に、「裕次の試験の成績が合格点に達しなくても合格させてもらえるよう黒石市長に働きかけてほしい」と依頼し、その了解を得た。

阪本は、市長公室秘書課長の田中康夫に対し、「裕次の試験の成績が悪くても合格できるよう市長に取り次ぎ、口添えをして欲しい」旨依頼し、田中課長は、これを承諾して市長に取り次いだ。

浦島は、市長応接室で阪本と共に黒石市長と面談し、

「裕次の成績が悪くても合格できるようによろしくお願いします」

と頼み込んだ。

黒石市長は同様の依頼を数多く受けていたため採用の見通しが立たないことから、「今年は難しいですね」と答えた。

その後、裕次は職員採用試験の第一次試験を受験したが、受験者中上位一〇〇位以内にすら入らない成績だった。そのため浦島は、この成績では到底合格できるはずがないと悟った。

そこで、浦島は、裕次を合格させるためには、黒石市長に賄賂を供与するしかないと決意し、田中課長に黒石市長との面談ができるよう依頼した。

当時、職員採用の謝礼は一〇〇万円が相場と噂されていたため、浦島は現金一〇〇万円入りの茶封筒を用意した。

その後、浦島は、市役所の市長応接室で田中課長同席のもと、黒石市長に前回同様の依頼をし、持参した現金一〇〇万円入りの茶封筒を応接テーブルの上に差し出し、「よろしくお願いいします」と言って、頭を下げた。

黒石市長は、浦島の面前で現金を受け取ることに躊躇を覚え、田中課長に目で合図をし、「今日は、これで……」と、言い残して退室した。

田中課長は、市長の様子から自分が代わりに受け取れというのが市長の指示だと察し、また、浦島からも、「課長さん、是非、市長さんに渡してください」と、懇願されたため、「これは、私が預かります」と言って、現金入りの茶封筒を受け取った。

急いで、田中課長は応接屋を出て隣の市長室に入り、黒石市長に、

「これ、浦島さんからです」

と言って茶封筒を手渡した。

黒石市長は、「そうか」と、言いながら受け取った。

その後、黒石市長は、第一次試験の合格者選定作業を行った際、裕次の成績が極度に悪いことを知ったが、浦島からの不正な依頼に従い、裕次を合格者と決定し、第一次試験合格者として発表させ、第二次試験でも裕次を合格者として最終発表し、職務上不正な行為

をした。

さらに、黒石市長は、市長応接室で田中課長同席のもと、元市職員の山下吾朗からも、浦島と同様、職員採用試験について不正な依頼を受け、長男の山下俊夫を不正に合格させ、職務上不正な行為をし、現金一〇〇万円の賄賂を受け取っていた。この授受の方法は、浦島の場合と同様、田中課長が黒石市長に代わって現金入りの封筒を受け取るというものだった。

検察は、このような捜査結果を踏まえ、黒石市長と田中課長を加重収賄罪の共犯で起訴をした。

秘書課長単独の収賄

浦島は、黒石市長だけでなく、取次ぎ・口添えをしてくれた田中課長に対しも、同様の謝礼をしようと考えた。

そこで、現金三〇万円入りの茶封筒を用意し、市役所の特別応接室で田中課長と会い、「このたびは、何から何までお世話になりました」と言って、持参した現金入りの茶封筒を手渡した。

田中課長は、「いえいえ、ここまでされなくても……」と、一旦は、断るそぶりをみせたが、浦島から、「そうおっしゃらずに」と促されたため、取次ぎ・口添えの謝礼として現金入りの茶封筒を受け取った。

田中課長は、浦島のためにそれほど役に立つことをしたと思っていなかったため、自分がこの金を使ってよいものか迷った末、黒石市長に相談したところ、市長は、「それなら、私がもらっておく」と言って、現金入りの封筒をもらい受けた。

さらに田中課長は元市職員の山下吾朗からも、浦島と同様に取次ぎ・口添えを頼まれ、その謝礼として現金五〇万円をもらい、すべてを遊興費に使った。

そのため、田中課長が収受した現金合計八〇万円についてどのような事件処理をするべきか問題となった。

当初、田中課長には職員採用に関する職務権限がない以上、現金八〇万円について受託収賄容疑で立件することは難しいと考えられた。

その一方で、この分を立件しない代わりに、黒石市長との共犯事件の裁判で、田中課長の悪性情状として、別途現金八〇万円を受け取っていたという事実を主張・立証することも検討した。このような方法も悪くはないが、易きに付くように思われた。

見方を変えると、市長公室秘書課長の職務内容は、市長の秘書に関する事務とされている。これには、市長に対する陳情の取次ぎ・処理に関する事務が含まれるという解釈ができるはずだ。

そうすると、今回の市長への取次ぎ・口添えは正に秘書課長としての職務といえる。この現金八〇万円は、田中課長が職務に関して請託を受け(注)、取次ぎ・口添えをした謝礼と考えるべきだろう。

検察は、田中課長を受託収賄罪で追起訴した。

裁判所は、田中課長に対し、懲役一年六月、執行猶予三年、追徴八〇万円の有罪判決を言い渡した。

なお、黒石市長には、懲役二年、追徴二〇〇〇万円の実刑判決が言い渡された(市長は控訴・上告したが、いずれも棄却され、一審判決が確定)。

常に、検事は事案の実態に即した適切な事件処理を心掛けるべきだ。

(注)「請託を受け」とは、公務員がその職務に関する事項について依頼を受けてこれを承諾す

ることをいう。

▼関係法令

地方公務員法第一七条の二（採用の方法）

① 人事委員会を置く地方公共団体においては、職員の採用は、競争試験によるものとする。ただし、人事委員会規則（競争試験等を行う公平委員会を置く地方公共団体においては、公平委員会規則。以下この節において同じ。）で定める場合には、選考（競争試験以外の能力の実証に基づく試験をいう。以下同じ。）によることを妨げない。

② 人事委員会を置かない地方公共団体においては、職員の採用は、競争試験又は選考によるものとする。

刑法第一九七条第一項後段（受託収賄）

公務員が、その職務に関し、賄賂を収受し、又はその要求若しくは約束をしたときは、五年以下の懲役に処する。この場合において、請託を受けたときは、七年以下の懲役に処する。

刑法第一九七条の三（加重収賄）

① 公務員が前二条の罪を犯し、よって不正な行為をし、又は相当の行為をしなかったときは、一年以上の有期懲役に処する。

② 公務員が、その職務上不正な行為をしたこと又は相当の行為をしなかったことに関し、賄賂を収受し、若しくはその要求若しくは約束をし、又は第三者にこれを供与させ、若しくはその供与の要求若しくは約束をしたときも、前項と同様とする。

コンプライアンス

──大型脱税

バブル経済が始まる前の話。

「鈴木建材」の屋号で建設資材の製造業を営む鈴木省三は、売上を除外し、架空仕入れを計上するなどの方法により、四年間で約九億円の所得を隠し、所得税約六億円を免れていた。

特捜部は、国税局査察部と合同で捜査を進め、鈴木を所得税法違反容疑で逮捕し、同法違反の罪で起訴した。

この事件では、鈴木の取引先であるS銀行H支店の奥村博営業課長と内野健一副長が、顧客の鈴木からの依頼を受け、その脱税に深く関与していた。

銀行員の関与状況

捜査の結果、奥村課長と内野副長は次のような形で鈴木の脱税に関与していたことが明らかになった。

①鈴木が架空仕入れ先に振出した小切手について仮名で裏書きした上、他銀行の店頭で現金化し、その現金をS銀行H支店の鈴木の仮名普通預金口座に入金していた。

②S銀行に、鈴木が売上除外や架空仕入れなどして捻出した裏金の入出金用の口座として、仮名・借名普通預金口座合計一三口座（奥村課長開設分一一口座、内野副長開設分二口座）を開設した。

③鈴木のため、仮名の印鑑を購入し、仮名の定期預金合計五億七五〇〇万円（奥村課長設定分二億四〇〇〇万円、内野副長設定分三億三五〇〇万円）を設定し、実際の預金日から日をずらして分散して入金処理し、これらの定期預金はほとんどマル優にして利子課税を免れさせていた。

④鈴木の株式取引に自己又は妻名義の取引口座を使用させていた。

このように鈴木の資産隠しに積極的に協力していたのである。

また、奥村課長らは、鈴木から個人的に無利子で多額の資金（奥村課長二七〇〇万円、内野副長一二〇〇万円）を融通してもらっていた上に、ゴルフ旅行や飲食の接待など数々の便宜供与を受けていた。

さらに、奥村課長は、部下行員に対し、「鈴木さんの仮名預金のことは国税局に訊かれても、絶対しゃべるな」と口止めしていたほか、鈴木のためS銀行本店に仮名の貸金庫を開設させていた。

内野副長は、査察部の調査を察知し、鈴木の仮名普通預金口座に現金を入金する際は、ATM機で、例えば四〇〇〇万円を八〇回に小分けして入金していたほか、妻に鈴木の仮名預金通帳を保管させていた。

このように奥村課長らは鈴木のために資産隠しだけでなく、数々の罪証隠滅工作を行っており、その行為は誠に目に余るものだった。

銀行員の処分

特捜部は、奥村課長と内野副長を鈴木の脱税を助けたとして所得税法違反幇助容疑で逮捕し、捜査を終えたが、この種の事案の先例が極めて少なく、起訴するか、起訴を猶予するか、その処分について慎重な判断が迫られた。

当時は、今と違って、銀行を始め多くの金融機関で仮名預金が設定されていたため、その預金が同一の預金者のものかどうかを判別する「名寄せ」をしないと、実際の預金者を特定できなかった。

奥村課長らのような営業担当者が預金獲得のために預金者に何かと便宜を図るのは当然だという風潮もあった。他方、銀行業界も大蔵省（現財務省）の行政指導によるいわゆる護送船団方式の時代でもあった。一行員についてのみ刑事責任を問うことに疑問視する向きも、少なからずあった。

しかし、この事件の場合、奥村課長らは鈴木と個人的にも癒着し、鈴木の脱税に積極的に加担し、その手口も銀行員としては度が過ぎている。何よりも預金者のため何をやってもよいというのは問題だ。再発を防止するためには、一罰百戒の意味でも起訴すべきだろう。

特捜部は、上級庁にも起訴すべき理由を説明し、協議を尽くした上で、奥村課長と内野副長を所得税法違反幇助の罪で略式起訴した。

一方、鈴木は、裁判では脱税の事実を争ったが、裁判所は、起訴事実の通り脱税の事実を認定し、鈴木に対し、懲役二年、罰金一億三〇〇〇万円の実刑判決を言い渡した。

鈴木が判決を不服として控訴したところ、控訴審は、一審判決後、鈴木が公益団体などに二〇〇〇万円を寄附したことなどを考慮し、一審判決を破棄し、改めて鈴木に対し、懲役一年六月、罰金一億三〇〇〇万円の実刑判決を言い渡した。鈴木は上告するも上告は棄却された。

事件の反響等

当時、マル優の存廃論議が華やかな情勢下において、その渦中の当事者でもある銀行の幹部行員二名が大型脱税の共犯として逮捕され、略式とはいえ起訴されたため、マスコミが事件を大きく報道し、一般市民の関心を呼んだ。

その一方で、従来から程度の差があるものの、預金獲得のために脱税者の裏預金に協力していた金融機関に対し、その自粛と健全化の努力を促すという副次的効果もあった。

今や、企業のコンプライアンス（法令遵守）が強く求められている時代。同じような事件があれば、銀行員は処罰されるのが当然だということになるだろう。

▼関係法令

所得税法第二三八条（罰則）

① 偽りその他不正の行為により、（中略）に規定する所得税の額につき所得税を免れ、又は（中略）の規定による所得税の還付を受けた者は、一〇年以下の懲役若しくは一〇〇〇万円以下の罰金に処し、又はこれを併科する。罰金に処し、又はこれを併科する。

② 前項の免れた所得税の額又は同項の還付を受けた所得税の額が一〇〇〇万円を超えるときは、情状により、同項の罰金は、一〇〇〇万円を超えその免れた所得税の額又は還付を受けた所得税の額に相当する金額以下とすることができる。

なお、令和二年法律第八号による所得税法改正前は、法定刑は、「五年以下の懲役若しくは五〇〇万円以下の罰金に処し、又はこれを併科する。」である。

刑法第六二条第一項（幇助）

正犯を幇助した者は、従犯とする。

刑法第六三条（従犯減軽）

従犯の刑は、正犯の刑を減軽する。

刑法第六五条第一項（身分犯の共犯）

犯人の身分によって構成すべき犯罪行為に加功したときは、身分のない者であっても、共犯とする。

公有水面

告発

かつて、X県は、県内の大きなB湖に流入するY川の河川改修工事に併せ、その環境整備のため、Y川河口部先の湖岸に土砂を搬入して盛土し、約五三〇〇平方メートルの範囲にわたってB湖水面の埋立て（以下「本件埋立工事」）をし、併せて人工砂浜（なぎさ）を造成する工事をした。

すると、住民グループがX県の知事や土木部長を公有水面埋立法違反の容疑で検察庁に告発してきた。

公有水面埋立法では、国の所有に属する河、海、湖、沼などを公有水面といい、その埋立てをしようとする者は、都道府県知事（指定都市の区域内においては、当該指定都市）の免許を受けなければならず、埋立免許を受けないで埋立工事をすると、処罰されることになる。

告発人は、県知事や土木部長が埋立免許を受けずに、本件埋立工事をしたのは公有水面埋立法違反になるというのである。

河川・湖の管理と埋立工事

Y川とB湖は、一級河川に指定され、Y川全域とその河口先沖のB湖水面は、建設大臣（現国土交通大臣）が指定区間と指定し、X県知事にその管理の一部を行わせていた。X県は、B湖の総合開発事業の一環としてY川の川幅を拡張する河川改修工事を国の機関委任事務として行った。

Y川の河口部からB湖水面に至る間に、ゴミが集積、腐敗して悪臭を発生させていたことから、X県は、河川管理上、その環境整備のため改修工事に伴って発生する約二万四〇〇〇立方メートルの土砂を利用し、Y川河口部先のB湖水面約九〇〇〇平方メートルを埋立てて人工砂浜（なぎさ）を造成する工事を併せて行った。事前にY川改修工事の全体計画についても建設大臣の認可を得ていた。

検察は、告発人や県の担当者のほかX県知事からも事情を聴取したところ、本件埋立工事がX県知事の免許を受けないで行われていたことは事実だった。

法令の解釈

公有水面埋立法にいう「埋立」は、多くの利害関係者の権利とかかわるため、埋立免許前の告示、利用関係者等からの意見徴取、損害発生防止の措置等を要し、私人はもとより公共団体が埋立工事をする場合も免許を受けなければならず、公有水面を所有する国でさえ、免許権者の承認を得なければならないものとされている。

したがって、都道府県が埋立工事を行う場合であっても、免許権者たる都道府県知事の埋立免許を受ける必要がある。

とはいえ、仮に県が県知事に対し埋立免許の取得申請をしていれば、埋立免許は下りていたと思われる。そうだとすれば、今回の件は、単なる手続ミスに属する問題だとして処罰の要否を考えればよいのだろうか。そうとも言い切れない。

そもそも、公有水面埋立法にいう「埋立」とは何か。

「陸地として利用することを目的として、水流又は水面に土砂等を埋築し、これを陸地に変更させること」である。

すなわち、公有水面は、国の所有に属する公共用物であり、同法が「埋立地の用途」を埋立免許申請の必要的記載事項とし、これを免許基準の一つとして埋立免許を受けた者に竣功認可を条件に所有権を取得させることとしているのは、陸地として利用することを目的とし、公有水面を廃して陸地を造成することを前提としているものと解されるからである。そうすると、陸地を造成した場合でないと、法にいう「埋立」をしたことにはならないのである。

では、本件埋立工事によって陸地が造成されたといえるのだろうか。

公有水面と陸地との境界は境界水位を標準として決められる。

潮の満ち引きのある海については春分・秋分時における満潮位、潮の満ち引きのない河、湖などについては高水位（水面に覆われるべきことが通常予見される限界線）が境界水位とされている。そうすると、一見して形状が陸地のような地盤を造成したとしても、それが境界水位より低ければ、陸地を造成したことにはならず、法にいう「埋立」には当たらないのである。

B湖の高水位は、基準水位プラス一・四メートルであるが、本件埋立工事の盛土箇所のうち、最も高い盛土位置は、基準水位プラス一メートルであるから、B湖の高水位より低いことが明らかであった。

本件埋立工事が行われた箇所が通常時において水面より突出していても法律上は、水面下にある。これでは公有水面を廃して陸地に変更したことにならず、明らかに法にいう「埋立」には該当しない。

また、河川法上、河川管理者は、河川の保全を適正になすべき義務を負い、河川の流水によって生ずる公害を除却し、又は軽減するために河川工事を行うものとされている。

一級河川であるB湖の本件埋立て部分の管理権はX県知事に委託されているので、本件埋立ては、陸地の利用を目的とするものではなく、専ら河川管理上、湖岸の環境を整備し、河川の保全ないし公害除去等のために河川工事の一環としてなされたものである。このことからしても、法にいう「埋立」に当たらない。

以上の通り、本件埋立工事は、犯罪を構成しなかったのである。

法令の解釈は、具体的な事件において適用される法は何かを探し出し、知ることである。

我が国は成文法の国であるから、法令の文理解釈から始めることになるが、法の目的が達成できない場合は、それのみでなく、法令の趣旨・目的、立法者の意思、社会正義と公平の実現などの点を踏まえ、論理・目的解釈も取り入れなければならないのである（林修三『法令解釈の常識』日本評論社、一九〇頁以下参照）。

法令解釈は、複雑で難しいものである。

▼関係法令

公有水面埋立法第二条第一項（免許）

埋立ヲ為サムトスル者ハ都道府県知事（地方自治法（昭和二二年法律第六七号）第二五二条の一九第一項ノ指定都市ノ区域内ニ於テハ当該指定都市ノ長以下同ジ）ノ免許ヲ受クヘシ

公有水面埋立法第四条第一項（免許基準）

都道府県知事ハ埋立ノ免許ノ出願左ノ各号ニ適合スト認ムル場合ヲ除クノ外埋立ノ免許ヲ為スコトヲ得ズ

一　国土利用上適正且合理的ナルコト

二　其ノ埋立ガ環境保全及災害防止ニ付十分配慮セラレタルモノナルコト（以下略）
三　埋立地ノ用途ガ土地利用又ハ環境保全ニ関スル国又ハ地方公共団体（港務局ヲ含ム）ノ法律ニ基ク計画ニ違背セザルコト（以下略）

公有水面埋立法第三九条第一項（罰則）

左ノ各号ノ一ニ該当スル者ハ二年以下ノ懲役又ハ五〇万円以下ノ罰金ニ処ス
一　埋立ノ免許ヲ受ケスシテ埋立工事ヲ為シタル者（以下略）

公有水面埋立法第四二条（国の埋立て施行）

国ニ於テ埋立ヲ為サムトスルトキハ当該官庁都道府県知事ノ承認ヲ受クヘシ

河川法第二条第一項（河川管理の原則）

河川は、公共用物であつて、その保全、利用その他の管理は、前条の目的が達成されるように適正に行なわれなければならない。

河川法第四条（一級河川）

この法律において「一級河川」とは、国土保全上又は国民経済上特に重要な水系で政令で指定したものに係る河川（公共の水流及び水面をいう。以下同じ。）で国土交通大臣が指定したものをいう。

河川法第八条（河川工事）

この法律において「河川工事」とは、河川の流水によつて生ずる公利を増進し、又は公害を除却し、若しくは軽減するために河川について行なう工事をいう。

〈コラム〉
画家の生と死

池波正太郎曰く。

「自分は、死ぬところに向かって生きているんだ……と、なにかにつけて考えていればいいいんだよ。漠然と考えるだけでいい。それだけで違ってくるんだ。生きているということの意味も、だんだんわかってくるでしょうね。ときどき「死」を思っていれば」

（『男の作法』）


今年（令和四年）、後期高齢者の仲間入りをする私は、池波正太郎の言葉を頭の片隅に置きながら過ごしている。

女性洋画家

私が好きな画家の一人に「三岸節子」がいる。

明治三八年一月三日、節子は愛知県中島郡起町（現在の一宮市）で生まれた。大正一三年、一九歳のときに洋画家三岸好太郎と結婚するも、昭和九年、好太郎（享年三一）が急逝する。節子は、子供三人を抱えながら画家として生きることを決意し、貧苦に耐えて色彩豊かな絵を描き、展覧会への出品を続けた。

戦後、パリのサロン・ド・メ展など国際展にも精力的に参加し、昭和二六年には「静物山梔《くちなし》」で芸能選奨文部大臣賞を受賞し、美術界の評価を確立した。

昭和四二年、夫好太郎の芸術の良き理解者だった節子は、保管・蒐集に努めた好太郎の作品二二〇点を北海道に寄贈した。北海道は、これら作品を基礎として北海道立美術館を開館する（その後、北海道立三岸好太郎美術館と改称して再発足）。

昭和五七年にはメニエール氏病に倒れた節子は、難病を経た後も心臓に障害が出ていた上に、足が不自由で車椅子生活を余儀なくされていたが、毎日欠かさずキャンバスに向かい続けた。

「静物（金魚）」、「飛ぶ鳥（火の山にて）」などの鳥シリーズ、「ブルゴーニュの一本の木」、「花（ヴェロンにて）」の連作、ヴェネチアやスペインの風景画、「作品Ⅰ」、「作品Ⅱ」、「作品Ⅲ」の連作、「ブルゴーニュにて」など数多くの作品を残し、平成六年には、日本画の小倉遊亀や片岡球子らに続き、女性洋画家として初めての文化功労者となるが、平成一一年四月、九四歳で逝去。

遺作は「さいた　さいた　さくらがさいた」である。最晩年の最高作品として愛知県一宮市の生家跡に建つ「一宮市三岸節子記念美術館」に所蔵されている。

作品の評価

節子の作品は鑑賞する者に生きる喜びを感じさせる。それは、節子が歳を重ねる毎に新境地を切り開き、絵の凄みを増していった色彩画家だったからではないだろうか。

昭和二九年、当時日本人にとって海外渡航が困難な時期であったのにもかかわらず、節子は、憧憬の地を踏む期待に胸をときめかして覚悟の渡仏をし、ヨーロッパの美術に触れ、「巴里の古い街」、「ミモザの咲くヴァロリース」などの作品を描いた。

さらに驚くことに、昭和四三年、六三歳にして神奈川県・大磯の住まいを後にして、長男黄太郎一家と共に再渡仏し、南仏に居を定め、イタリアやスペインにも足を延ばして風景画に新境地を開いた。「ヴェネチア」、「小運河の家」、「細い運河」のほか、スペイン南部アルダルシア地方を訪れて想を得た「小さな町（アルダルシア）」などの魅力的な作品を制作した。

司馬遼太郎も、「この地（南仏）の乾いた空気と色彩のあざやかさは、彼女の中にあふれてしばしば出所をうしなっていた造形に自由を与えた。（中略）一九六七年以後、大きく展開した。造形そのものが隈なくそれを包みあげて、かつ内蔵された炎がいちいち何か驚きつつ発光するようになった。われわれは、節子のような画家をもうひとり持つことができるだろうか」と、節子を高く評価している。

昭和四九年三月、節子六九歳のときに再渡仏後の制作の成果を示す個展「花とヴェネチア」をパリで開催し、成功を収める。

同年四月には、フランス中東部のブルゴーニュの寒村「ヴェロン」の古い農家を購入して移住し、八四歳まで滞在。「花（ヴェロンにて）」の連作など数多くの作品を描いた。節子が独自の造形感覚で描く色彩鮮やかな花の絵は、なぜか花よりも花らしい。花は節子の終生変わらないモチーフだった。

また、ヴェロンで制作された作品の中には「ブルゴーニュの一本の木」など人生への深い思索を誘う傑作も少なくない。

帰国後も節子の制作意欲が衰えず、平成元年に不吉な予感を感じさせる「ブルゴーニュにて」を、平成四年には「作品Ⅰ」、「作品Ⅱ」、「作品Ⅲ」の大作を発表し、新しい境地を開いた。

パリ展帰国記念　三岸節子展

平成一〇年五月、「パリ展帰国記念　三岸節子展」が日本橋・三越本店で開催された。その後、横浜・三越、福岡・三越、大阪・大丸ミュージアム梅田、下関・大丸を巡回した。

平成一一年一月、私は大阪の展示会場に足を運んだ。

七〇点余りの作品が節子の画業の足跡と全容が分かるように展示されていた。メイ

展覧会のパンフレット

ン展示は、一〇〇号の大作「さいた　さいた　さくらがさいた」だった。青黒いバックを背景に満開の桜が描かれている。画家の魂に心を震わされる絵だが、その思いを表現できる言葉が見つからなかった。後日、節子の伝記を著した作家吉武輝子の次の一文に接した。

「この絵の前に来ると、だれもが強烈な磁力にぐいと引き寄せられたようにぴたりと足が止まり、しばらく微動だにすることなく、強靭と孤愁、美しさと怖さが一体となって迫ってくる、まさに咲き誇り、まさに散らんとする桜の花の生と死の境界線ぎりぎりの一瞬を凝視する」

　そのほかに私の心に残ったのは、節子六八歳のときにヴェネチアのひっそりとした運河を描いた「ヴェネチア」である。絵の前に立つと、運河の青い水面が目に飛び込む。両岸の古めかしい建物の淡い色調には何とも言えぬ味わいがある。それは熟成されたワインやウイスキーを連想させる。静かな余韻すら漂わせ、精神のみずみずしさえも感じられる。

「作品Ⅰ」、「作品Ⅱ」、「作品Ⅲ」の連作も強く印象に残った。無機質のガラス瓶や壺などが微かな光を帯びてやわらかい色合いで描かれていた。目に見えない命の輝きが伝わってくる。とても八七歳の女性が描いたとは思えない。

この連作については、「死が迫る瞬間まで、絵筆をとりつづけるという節子の生の賛歌のメッセージであり、死という一人旅を免れることができぬすべての人々への、いとおしみと励ましのエールでもあったのである」と、吉武輝子が書いている。

このような節子の画業とその波瀾の生涯を辿ってみると、節子は、「人が死ぬこと」を強く意識しながら、生きがいを持って色彩豊かな絵を描き続け、見事に燃え尽きたのではないだろうか。

参考文献

池波正太郎『男の作法』新潮文庫、一九八四年

司馬遼太郎「三岸節子の芸術」『微光のなかの宇宙——私の美術観』中公文庫、一九九一年
吉武輝子『炎の画家三岸節子』文藝春秋、一九九九年
『パリ展帰国記念　三岸節子展』朝日新聞社、一九九八年
三岸黄太郎・浅野徹『生誕100年記念　三岸節子展　永遠の花を求めて』朝日新聞社、二〇〇五年
『三岸節子収蔵作品集』一宮市三岸節子記念美術館、二〇〇五年

第三章
事件と時運

アムステルダム運河の跳ね橋

時運

内偵捜査

かつて私は、府衛生部環境衛生課の増井達也主査が業者から過剰な接待を受けているとの情報を摑み、特捜部の特捜資料課(注)の検察事務官らを指揮し、増井主査の身辺・銀行捜査を始めた。

数日後、増井主査の預金口座には、給与以外に不明な入出金があることが分かった。特捜部の検察事務官に二人一組で増井主査の尾行をさせた。

ある日、増井主査が北新地の高級クラブに業者らしき男と共に入店した。事務官が張り込みを続けること一時間。増井主査と男は店から出て、店が呼んだ別々のタクシーに乗車した。事務官が男の乗ったタクシーを追った。遂に、男の自宅を突き止めた。

男は、大手臨床検査会社「スピラボ株式会社」の山本秀彦営業部長だった。スピラボは、府下で知事の登録を受け、衛生検査所「スピラボ大阪」を開設して臨床検査の受託業務を営んでいた。増井主査は環境衛生課主査として衛生検査所の登録、同所への立入検査等に関する事務を担当していた。

かくして増井主査らの贈収賄容疑が濃厚となった。特捜部は、増井主査や山本営業部長らに出頭を求め、任意で取り調べた。

増井主査は、スピラボから飲食代金の代払を受けていたことを認めた上で、スピラボの荒川治朗常務と山本営業部長から、ゴルフ接待を受け、仕立券付き高級洋服生地をもらったことも自供した。山本営業部長も増井主査から「スピラボ大阪」の登録等に関し便宜を受けたことを認め、同主査の自供に沿う供述をした。

早朝の電話

速やかに荒川常務を取り調べる必要があった。

翌朝、特捜部長に増井主査の自供内容を報告した上で、荒川常務の取調べを行うことについて決裁を得て、スピラボ本社の始業直後に電話で常務に出頭を求めるつもりで、私は床に就いた。

朝早く目が覚め、ふと、今直ぐ常務を呼び出そうと思い直した。

スピラボの本社は東京都内にある、仮に、午前九時に電話をかけても、当時、東京・大阪間は新幹線で三時間。ドア・トゥー・ドアなら五時間以上もかかる。取調べができるのは早くて午後二時ころになるだろう。これでは遅い。そう考えた私は、東京近郊にある荒川常務の自宅に電話をかけた。

ちょうど午前六時、早朝というのに直ぐに繋がる。

「大阪地検特捜部ですが、事情をお聴きしたいので、これからすぐ特捜部までご足労願いたい」

「はい、分かりました」

荒川常務は即答した。

私の電話を予想していたかのような感じだった。

その日の午前中に、荒川常務は特捜部に出頭した。常務の取調べは司法修習同期の検事に担当してもらった。常務は、増井主査に対する贈賄容疑を認め、犯行の経緯を詳しく供述した。

荒川常務は、出頭の経緯について、

「特捜部に出頭した日は、本社で事件の善後策を協議する予定だった。朝、電話が鳴ったので、てっきり、予約のタクシーが来たと思い、受話器を取ったら、特捜部からの呼出し電話だった。それで、気持ちが吹っ切れ、覚悟ができ、東京駅までタクシーを走らせ、新大阪行の新幹線に飛び乗った」

と説明したという。

もし、私の呼出し電話がタクシーの到着より遅かったら、事件は違った展開をしていたかもしれない。一本の電話が事件のターニングポイントだった。

時運という言葉がある。時のまわりあわせのことをいう。

時運が事件を左右することが多いのではないかと思う。

医科大学教授の収賄

特捜部は、荒川常務を増井主査に対する贈賄容疑で逮捕するとともに、スピラボの東京本社や荒川常務の自宅等関係箇所を捜索した。

スピラボが国立・公立大学や病院の多くの関係者に対し委託研究費や顧問料などの名目で金員を支払っていることを示す「バラマキリスト」を押収した。

このリストを精査し、荒川常務らを取り調べた。その結果、F県立医科大学（以下「F医大」）の森本信彦教授に対する贈賄容疑が浮上した。

スピラボは、他の競業一社と激しい受注競争を繰り広げ、F医大から随意契約で臨床検査業務の委託を受けていた。

荒川常務は、森本教授に臨床検査委託業者の選定等で便宜を図ってもらい、その謝礼として総額三六〇万円を供与したことを詳細に自供するに至った。

F医大では、森本教授が臨床検査部長として臨床検査委託業者の選定や委託検査項目の決定・取りまとめ権限を有しており、その発言力は絶大だった。

荒川常務は、森本教授に対し、新規の受託業者の参入を阻止し、原価割れになる検査委託項目を外すことなどの便宜を図ってもらえるよう陳情を重ね、現金の供与を申し入れたが、森本教授に取り合ってもらえなかった。

やむなく、荒川常務は一計を案じ、森本教授の教え子である取引先業者の西垣敏行に相談を持ちかけた。

　西垣は、

「森本教授は、大学から支給される旅費等が十分でないため、お金に困っているようです。教授は堅物ですが、受け取りやすい方法で金を渡せば、受け取ってくれると思いますよ。例えば、都内の銀行に私名義の預金口座を開設し、教授には、暗証番号を教え、キャッシュカードを渡し、いつでも預金を引き出せるようにしてあげれば、教授も喜ぶと思います。もし、このことが発覚しても、預金口座に振り込まれた金は私がスピラボから借りたものだと釈明しますから、安心してください」

　と、賄賂の授受方法等を助言したという。

　荒川常務は、西垣の提案通りの方法で現金を供与することを決め、西垣に森本教授との交渉を依頼した。

　西垣が森本教授にスピラボの意向を伝え、説得した結果、森本教授も賄賂を受け取ることを了承した。

　こうして、スピラボが年間一〇〇万円を六月と一二月の二回に分け、西垣名義の預金口座に振込入金し、一方、森本教授が適宜、西垣名義のキャッシュカードで銀行のＡＴＭ機から預金を引き出すことで話がまとまった。

既に森本教授には、一年以上前からスピラボのため臨床検査委託業者の選定等に関し便宜を図ってもらっていた。

そこで荒川常務は、その期間に相当する謝礼の一六〇万円を、西垣名義の預金口座を開設でき次第、速やかに支払いしたいと、西垣を介し森本教授に申し入れた。森本教授がこの提案を了承したため、荒川常務は、預金口座の開設直後に山本営業部長に命じ、一六〇万円を一括して振込入金させた。

預金通帳については、荒川常務が管理し、森本教授の預金引き出し状況を通帳記帳により把握できるようになっていた。

その後、森本教授に対する年間一〇〇万円の賄賂の供与は、予定通り実行された。

銀行口座の特定

この事件では、森本教授に対する賄賂の授受の方法が特異なものであった上に、荒川常務が、「西垣名義の預金通帳の保管場所を忘れたが、わずかに、新宿駅近辺の銀行の支店だったという記憶がある」と供述していた。

荒川常務らを贈収賄容疑で立件するためには、新宿駅近辺の銀行で開設された西垣名義の預金口座を探し出し、実際に森本教授本人が西垣名義のキャッシュカードを使って現金を引き出している証拠を収集する必要があった。

このような状況であったが、特捜部の特捜資料課の面々が、粘り強く銀行捜査を続け、東京都内のD銀行西新宿支店で西垣名義の預金口座を発見したのである。

ここからが彼らの本領発揮である。

D銀行西新宿支店の取引口座明細記録（ジャーナル）を精査し、支店の何台もあるATM機の中から、森本教授が直近に使用した一台を特定し、それを撮影したと思われる防犯カメラのビデオテープを借り出したのである。この種のビデオテープは、銀行によって異なるが、二週間ないし一か月間撮影に使用され、その期間が過ぎると、画像データが消去されていた。

早速、大阪市内のD銀行梅田支店で、借り出したビデオテープを再生したところ、そこには、森本教授自らがATM機を操作して預金を引き出す様子だけではなく、森本教授が防犯カメラに気付いたのか、手を額に当て顔を隠そうとしている姿までもが映し出されていた。

　これも時運というほかはない。

昔も今も、特捜部は、困難な仕事を粘り強く地道にやり遂げようとする検察事務官に支えられている。

（注）全国に五〇の地方検察庁（以下「地検」）があるが、特捜部が設置されているのは、東京、大阪、名古屋の三地検だけだ。主に、汚職事件、脱税事件、大型経済事件などの捜査を独自で行っている。いずれの地検にも、銀行捜査や捜索・差押などを専門に担当する部署（例えば「特捜資料課」）が置かれ、これに習熟した検察事務官が配属されている。

▼関係法令

刑法第一九七条第一項前段（収賄）
公務員が、その職務に関し、賄賂を収受し、又はその要求若しくは約束をしたときは、五年以下の懲役に処する。

刑法第一九八条（贈賄）

第一九七条から第一九七条の四までに規定する賄賂を供与し、又はその申込み若しくは約束をした者は、三年以下の懲役又は二五〇万円以下の罰金に処する。

検察庁法第二七条（検察事務官）

① 検察庁に検察事務官を置く。
② 検察事務官は、二級又は三級とする。
③ 検察事務官は、上官の命を受けて検察庁の事務を掌り、又、検察官を補佐し、又はその指揮を受けて捜査を行う。

質問主意書

最近、NHKのNEWS WEBの「霞が関の嫌われ者〝質問主意書〟って何?」(霞が関のリアル取材班 記者 中村雄一郎)を興味深く読んだ。

質問主意書が官僚に過度な負担を強いる実態に迫る。

質問主意書が年間で提出される件数は、平成一〇年まではほぼ一〇〇件未満。その後、徐々に増えているが、それでも、二〇〇件台がほとんどだった。ところが、平成一八年以降、活用する国会議員が増え、平成二〇年には一三一五件に上った。ここ数年は、当時より減ってはいるものの、それでも九〇〇件前後で推移しているという。

最近では、マスコミも年金や外交問題などに関する質問主意書を話題に取り上げることもあって、その存在について少しは知られるようになったが、一般には、それがどういうものなのか正確には知られていないようだ。

議員の質問権

議員の質問権は、英国において、議会が内閣に対し有する監督機能の一つとして議院内閣制における議会の議員に広く認められる権能とされている。

我が国では、国会議員の質問権については、憲法上に明文の規定がないが、議院内閣制を採用する現行憲法は、議院内閣制に必然的な制度として個々の議員に内閣に対する質問権を認めていると解されている。そして、憲法第六三条は、明示的に内閣総理大臣その他の国務大臣の国会への出席発言の義務を定めているため、国会議員の質問権は制度的に憲法上の保障が認められている（松澤浩一『議会法』（ぎょうせい）二二七頁以下参照）。

そして国会法、衆議院・参議院各規則は議員の質問に関する規定を設け、個々の議員には、内閣に対し、広く国政全般にわたって質問できる質問権が与えられている。(注)

内閣は、議員の質問を受けたときは答弁しなければならない。

通常、質問は、国会の会期中に限られ、議員は、簡明な主意書（質問主意書）を議長に提出しなければならない。議長等の承認があれば、質問主意書が内閣に転送される。内閣は、質問主意書を受け取った日から七日以内に答弁書で答弁しなければならない。その期間内に答弁をすることができないときは、その理由と答弁することができる期間を明示しなければならない。

そして内閣に転送された質問主意書は、省庁に割り振られ、担当部局で答弁書案を作成し、関係省庁との協議、事務次官の決裁、内閣法制局の審査、担当大臣の決裁を経て、総理府（現内閣府）経由で閣議決定が必要とされている。

特に、七日以内に答弁書を提出する必要があるという時間の制約のため、担当部局の官僚はかなり負担を強いられることになる。

他方、政府が国会に提出する法案の場合、質問時間は議席に応じて配分されるため、わずかな質問時間しか配分されない野党、中でも無所属や少数会派の議員にとって、質問主意書は、貴重な質問の機会となっている。

例えば、平成一六年に、当時の社会保険庁が年金の保険料を公用車の購入や外国出張費として流用していた問題が議員の質問に対する内閣の答弁書によって明らかになっている。

いずれにせよ、質問主意書は内閣（政府）の行為に光をあて、国政の内容を国民に知らせる効果を持ち、これにより議会の内閣に対する監督機能を果たすことが期待されているのだ。

砂利船汚職

かつて、大阪地検特捜部は、現職の国会議員について請託を受けて現金一〇〇〇万円を収受したとして受託収賄容疑で摘発した。国会議員の質問主意書による質問権を収賄罪の職務権限として初めてとらえた砂利船汚職事件だ。

当初、質問主意書が賄賂と見合うほど重要なものかどうか問題となった。

事件の経緯を見てみよう。

当時、国内において砂利・石材の採取・運搬・販売をする自家用砂利石材船（砂利運搬船のこと）の船主を組合員とし、内航海運業法上の内航海運業を営む営業船（以下「営業船」）への転用を図る目的で結成された団体（以下「全自連」）があった。

全自連は、傘下組合員が保有する砂利石材船の営業船への転用を認めてもらうため、全自連と利害対立する内航海運業者を構成員とする団体（以下「総連合」）や、これを指導監督し、営業船の許可権限等を有する運輸省（現国土交通省）海運局内航課との間で種々交渉を重ねていた。

一方で、全自連は、昭和五五年当時、野党の参議院議員だったTに依頼し、自家用船の営業船への転用の件に関し、内閣に対する質問主意書で質問を行ってもらった。

その結果、同年一一月、全自連と総連合との間に「砂利石材船の正常化に関する協定」が成立し、五七年一〇月、自家用船の営業船への転用が実現した。自家用船から営業船に転用した船のことを「営業転用船」又は「転用船」という。

右協定によれば、転用船については、業界の船腹量を適正に保つため、新たに船舶を建造する場合にはそれに見合う既存船舶を解撤する必要があった。この解撤に当てることのできる船舶資格のことを「引当資格」といい、右協定では制限が付されていた。すなわち、当該船舶所有者とその相続人が営業を継続する限り、引当資格を認めるが、転用船を他人に売却すれば、その時点で営業船ではなくなり、転用船は引当資格を失うのである。

このような「一身限りの制限」が付されていることから、転用船の担保価値が低く、十分な融資が受けられず、転業や廃業すら困難になるため、組合員から強い不満が出るようになっていた。

そこで、全自連の幹部らは、一身限りの制限を撤廃し、転用船に既存の営業船と同一の引当資格を付与するよう、運輸省や総連合への陳情を繰り返していたが、総連合の態度は強硬で、容易に一身限りの制限が撤廃される見込みがなかった。そのため、全自連の幹部らは、対応に苦慮することになったが、再び、Tに内閣に対する質問（運輸省が総連合に対し一身限りの制限を撤廃するよう行政指導を行うことなどを内容とする）をしてもらうことによって、事態の打開を図ろうとした。

請託と賄賂の供与

昭和六〇年二月、全自連の会長らは、料亭にTを招き、

「新空港の着工が近づいており、一身限りの制限は今年中に外してもらわんと困るのです。私らの力ではどうにもならんのです。是非、先生に国会質問をお願いします。先生のお力を借りる以外方法がないのです」

などと懇願した。Tは、

「そうですね。総連合には尋常なやり方では勝てませんから、質問をして運輸省に強烈な指導をさせるしかないでしょうね。質問をすれば役人もきちんと動いてくれますが、相手

のあることだから、年内に外せと言われても無理ですよ。質問するにしても手順としてみんなで運輸省にきちんと陳情に行った方がよいでしょう」と、アドバイスをした。

幹部の一人が、予め作成したメモに基づき、Tに一身限りの制限を撤廃させるための効果的な質問事項を盛り込んでもらえるよう要望した。Tは、「分かりました」と言って承諾した。

翌三月、全自連の幹部らは、Tの立会の下、運輸省海運局内航課長に陳情した。

その際、Tは、その場に呼んでいた参議院運輸委員会の主任調査員にも質問主意書の提出をほのめかした。

翌四月、Tは、右主任調査員に資料を渡し、質問主意書の原稿を起案するよう依頼した。

翌五月、全自連の会長らは、Tを同じ料亭に招き、

「何とかして一身限りを撤廃しないことにはどうにもなりません。新空港の建設工事が近づいておりますから切実な問題になっております。先生の国会質問以外に運輸省を動かす方法はありません。実は、私はもう会長を辞めたいのですが、一身限りの問題を解決しないことには辞められないのです」

と訴えた。

Tは、「最善を尽くしますが、会長さんも辞めるなんてことはおっしゃらないでください。会長さんがいなければどうにもならないでしょう。もうしばらくお互いに頑張りましょう」と応じた。

やがて、料理の片付けが済んだ後、幹部の一人が、予め用意していた現金一〇〇〇万円入りの封筒をTに差し出しながら、「先生、これほんの気持ちだけですが」と言って、頭を下げた。

Tは、「それは、ちょっと」と遠慮したが、

「お納めください。全自連の気持ちです」

と、重ねて受取りを促された。

Tは、「そうですか。いつも気を遣っていただきありがとうございます」と言いながら、現金入りの封筒を受け取った。

質問主意書の提出

Tは、質問主意書の原稿を完成させ、全自連の幹部らに見せて、その了承を得た。そし

て同年六月、全自連の要望に沿う「砂利石材船の一元化に関する質問主意書」を参議院議長に提出した。

Tの質問主意書を契機に、これまで運輸省海運局内航課で取り扱われていた砂利石材船の転用問題は、運輸省全体の問題になり、その早急な解決が求められた。

その結果、内閣の答弁書は、質問主意書に沿った内容のものとなった。これを踏まえ、内航課は、営業船業界団体である総連合に対し強力な行政指導を行った。

質問主意書提出の二年後、内航課長立会の下、全自連と総連合との間で、全自連の要望を大幅に取り入れた基本協定が成立し、一身限りの制限が撤廃された。

このようにTの質問主意書は全自連からの賄賂と十分に見合うものだった。

処分と判決

特捜部は、Tを議員の質問権に関し請託を受けて現金一〇〇〇万円を収受した容疑で取り調べたが、Tは、現金一〇〇〇万円の授受を認めたものの、趣旨と請託の事実を否認し、一〇〇〇万円は政治活動資金として受け取ったものであり、質問主意書は事前に全自連関係者と協議したものではなく、独自の判断で提出した旨弁解した。既に贈賄側の関係者から具体的かつ詳細な供述を得てその裏付けを取っていた特捜部は、十分に有罪の立証ができると判断し、Tを受託収賄罪で起訴した。

Tは、裁判で捜査段階と同様、趣旨と請託の事実を否認したが、裁判所は、Tに対し、懲役二年六月、執行猶予三年、追徴一〇〇〇万円の有罪判決を言い渡した（判例タイムズ八三八号二八〇頁参照）。

砂利船汚職事件の摘発は、政府関係者に大きな影響を与えるとともに、戦後の汚職事件の捜査史上、国会議員の質問主意書による質問権を収賄罪の職務権限としてとらえた初めての事案であった。そのため、マスコミが大々的に報道し、大きな反響を呼んだ。

政・官・業の力関係の一端を見せつけられた事件だった。

（注）質問と類似するものに議員が口頭で行う「質疑」がある。質疑は、議院又は委員会の会議で議題となった議案その他の案件について疑義をただすことである。質疑の相手方は、議案その他の案件については、当該案件の発議者又は提出者であり、国務大臣の演説については、その演説を行った国務大臣である。

▼関係法令

国会法第七四条（質問）

① 各議院の議員が、内閣に質問しようとするときは、議長の承認を要する。

② 質問は、簡明な主意書を作り、これを議長に提出しなければならない。（以下略）

国会法第七五条（内閣の答弁）

① 議長又は議院の承認した質問については、議長がその主意書を内閣に転送する。

② 内閣は、質問主意書を受け取つた日から七日以内に答弁をしなければならない。その期間内に答弁をすることができないときは、その理由及び答弁をすることができる期限を明示することを要する。

刑法第一九七条第一項後段（受託収賄）

公務員が、その職務に関し、賄賂を収受し、又はその要求若しくは約束をしたときは、五年以下の懲役に処する。この場合において、請託を受けたときは、七年以下の懲役に処する。

ワープロと予算

ワープロ

世界初の日本語ワープロ専用機（以下「ワープロ」）は、昭和五四年に発売された東芝製の「ＪＷ－10」である。なんと販売価格が六三〇万円だった。二年後には電機・事務メーカーがワープロ市場に次々と参入したため、平均単価が二〇〇万円になったという。

その四年後に、大阪地検特捜部は、文部省（現文部科学省）大臣官房会計課予算班と国立大学経理部を舞台にしたワープロ等の事務機器や医療用機器の購入を巡る贈収賄事件を摘発した。

国立大学経理部長の収賄

国立Y大学経理部長の山中純吉に係る贈収賄事件について紹介したい。

事務機器販売会社「東洋サプライ」の辻本敏夫社長は、当時文部省大臣官房会計課予算班主査の山中純吉と軍隊時代の友人の伝手で知り合い、全国の国立大学経理担当者の紹介と事務機器の購入斡旋方を依頼するようになった。

これに応じた山中主査は、個人的に親しい国立大学経理担当者を辻本社長に紹介し、その都度、謝礼として現金五万円ないし一〇万円をもらっていた。

その後、山中主査はY大学の経理部長に転出し、大学の予算の要求・配分・調整や物品購入先の業者選定などに関する事務を担当するようになった。

一方、辻本社長は、山中部長の尽力で、東洋サプライがY大学に一台一五〇万円前後のワープロ等の事務機器を随意契約で納入できるようになり、その謝礼として一八回にわたって山中部長に賄賂を供与した。その総額は三九三万円に上った。

山中部長は、愛人に依頼して銀行に愛人名義の普通預金口座を開設し、辻本社長に当該口座番号を連絡し、賄賂金を振り込ませた上、そこからの出金は愛人の手によって行わせ、外観上、自分に帰属する預金口座であることが分からないようにしていた。

一方、辻本社長は、山中部長への賄賂攻勢により、三年間でY大学に約一億二〇〇〇万円相当のワープロ等の事務機器を納入し、約四〇〇〇万円の粗利益を上げることができた。さらに、山中部長の紹介で大臣官房会計課の総括予算班主査とも面識を持ち、同様に、四回にわたり同主査に現金合計一五〇万円の賄賂を供与し、他の国立大学にもワープロ等の事務機器の納入に成功した。

文部省予算

事件の背景の一つに、文部省予算の特異性があった。

当時、文部省の予算は、一般会計予算と国立学校特別会計（以下「特会」）からなっていた。特会の適用を受けるのは、大きく分けて国立大学等の国立学校、国立大学附属病院、国立大学附属研究所の三機関である。

文部省の予算に関する事務を所管するのが大臣官房会計課予算班である。

総括予算班と第一予算班から第四予算班の五班で構成され、このうち第二予算班が特会に係る国立学校の予算に関し、予算案の作成、支出負担行為の計画、支払計画に関する事務を、第三予算班が特会に係る国立大学附属病院の予算に関し、同様の事務をそれぞれ所掌していた。

各予算班の主査は国立学校等からの予算要求に対し、これを査定・賦課する権限を持っていた。総括予算班は、各予算班作成の予算案等の取りまとめなどを行っていた。

文部省の特会予算では、「留置」と称する留保予算が認められていた。年度当初に特会予算の全部を配賦せず、その一部を留保し、その後国立学校等関係機関からの追加要求に従って順次配賦する方法が採られていた。これが「留置」予算である。

従来、文部省では、特会に係る国立学校等からの新規概算要求に一件一〇〇〇万円未満の物品購入を入れると、その数が膨大になり、予算事務が極めて複雑煩瑣になることから、この要求に入れるのは一件一〇〇〇万円以上の設備に関するものに限っていた。そのため、国立学校等の関係機関では、一〇〇〇万円未満の物品購入などが必要な場合には、大臣官房会計課長宛に、「留置」予算の追加配分を書面で要求し、一方、これを担当予算班と総括予算班が査定し、予算を配賦する仕組みになっていた。

因みに、昭和五八年における「留置」予算は、国立学校が七二億円、大学附属病院が七二億円、附属研究所が一二億円の合計一五六億円であった。

毎年このような多額の「留置」予算をいかに執行するかは、その実権を握る各担当予算班と総括予算班が事実上決定していた。

国立大学予算

国立大学の経理部長は、文部省に対する予算要求、文部省から配賦された予算の配分、大学内における予算の調整、支出負担行為の計画・確認・審査などの職務を担当していた。

各国立大学においては、一六〇〇万円を超える物品を購入する場合、会計法・予算決算及び会計令により、随意契約によらなければならないことになっており、会計法第二九条の三第四項により、「契約の性質又は目的が競争を許さない場合、緊急の必要により競争に付することができない場合及び競争に付することが不利と認められる場合」などに限って例外的に随意契約が許されていた。

ところが、Y大学では、山中部長は、一六〇〇万円を超える物品購入であっても、支出負担行為の計画・確認・審査権限に基づき、部下に対し、特定の業者との随意契約を指示し、併せ、会計法第二九条の三第四項に規定する例外に当たるよう仮装する資料を作成させていた。

手土産

山中部長は、予算班主査からY大学経理部長に配置換えになる際、第二予算班と第三予算班の各係長に、「自分がY大学の経理部長の職にある間に限り、留置予算から名目を問わず、一年間に第一予算班から一億円、第三予算班から一億円の合計二億円をY大学に配賦するようにしてくれ」と指示していた。

予算班の係長は右指示に従い、三年度にわたって、Y大学に対し要求書の提出を求めず、毎年二億円の合計六億円を配賦していた。

Y大学側は、これを山中部長の「手土産」と称して管理し、一方山中部長は、この財源を自由に使っていた。その結果、Y大学が、「東洋サプライ」からワープロなどの事務機器を、他の二業者から高額の医療用機器を各購入するに当たり、山中部長は、業者に便宜を図った謝礼として、前記の通り辻本社長から合計三九三万円、他の二業者からも合計四七〇万円の各賄賂を受け取っていたのである。

事件の反響等

事件は、全国的な反響を呼び起こし、文部省当局や大学関係者に大きな衝撃を与えるとともに、教育に関わる国立大学や文部省の予算担当者が権限を悪用し多額の賄賂を収受していたことに国民の強い非難が浴びせられた。

いずれにせよ、文部省予算の事務処理が高度な専門的知識と経験を必要とするため、予算配賦、業者選定、契約方法等に関し、会計課長らが部下の主査らに事務処理を一任し、決裁が有名無実化していたという実態があった。これが汚職を招く土壌となっていたことは否定できない。民間企業を含め組織の在り方を考える上で、この事件は他山の石とするべきだろう。

▼関係法令

会計法第二九条の三

① 契約担当官及び支出負担行為担当官（以下「契約担当官等」という。）は、売買、貸借、請負その他の契約を締結する場合においては、第三項及び第四項に規定する場合を除き、公告して申込みをさせることにより競争に付さなければならない。

② 前項の競争に加わろうとする者に必要な資格及び同項の公告の方法その他同項の競争について必要な事項は、政令でこれを定める。

③ 契約の性質又は目的により競争に加わるべき者が少数で第一項の競争に付する必要がない場合及び同項の競争に付することが不利と認められる場合においては、政令の定めるところにより、指名競争に付するものとする。

④ 契約の性質又は目的が競争を許さない場合、緊急の必要により競争に付することができない場合及び競争に付することが不利と認められる場合においては、政令の定めるところにより、随意契約によるものとする。

⑤ 契約に係る予定価格が少額である場合その他政令で定める場合においては、第一項及び第三項の規定にかかわらず、政令の定めるところにより、指名競争に付し又は随意契約によることができる。

現場百回

犯行現場

昔から、捜査は「現場百回」とか「現場百遍」だといわれている。

あの「吉展ちゃん事件(注)」で有名な刑事、平塚八兵衛はいう。

「『現場百回』というのは、できるだけ多くの疑問を現場から引き出し、それらをひとつずつつぶしてゆくことであって、机の上じゃあ疑問もわかない。そして、現場を見ても疑問がわかないようじゃ、一人前の刑事とはいえない」（佐々木嘉信『刑事一代』）。

殺人や放火事件などの場合であれば、誰しも、犯行現場に足を運ぶ。

ところが、知能犯事件、取り分け、贈収賄事件となると、案外、賄賂の授受の現場を見に行こうとしないようだ。

私が刑事部長や次席検事だった当時のことを思い起こしてみると、贈収賄事件の処分決裁に来た検事に、「現場に行ったか」などと質問しても、ほとんどの場合、「行っていません」という答えが返ってきた。

そのためなのかもしれないが、賄賂の授受の状況を録取した供述調書を読んでみると、臨場感が感じられないものが多かった。実際に、授受の現場に立って、収賄側の役人や贈賄業者に成り切って、そのときの状況をイメージすることをしていないからだと思う。

レストラン

かつて、風俗店「花園」を営む花房秀樹が、風紀事犯の捜査を担当する寺本光雄警部補に対し三回にわたり賄賂として現金合計一五万円を供与した事件があった。

被疑者らは現金の授受も趣旨も認め、特段、捜査上問題はなかった。

ただ、賄賂の授受の場所が多目的ホールにあるレストラン「バーバラ」だったことが気になって、実際に、「バーバラ」に足を運んだ。

店の中に入ると、余りにも開放的で、その場で現金を渡そうものなら、周囲の客にも丸見えで、とてもその気になれそうにもない。

これでは収賄側にしても、贈賄側にしても、周囲の客の目もあって、現金の授受がしづらいのではないか、いわば、衆人環視の中で賄賂を渡すようなものだ。

そう思って、店の責任者に事件当時の様子を訊ねると、最近、店を改装したとのことだった。当時、店の一角は、ボードで仕切られ、観葉植物も置かれていたという。

改めて、贈賄側の花房を取り調べてみると、

「仕切りのあるテーブルの脇が、ちょうど他の客から死角になっていたので、そこで、寺本さんに現金入りの封筒を渡しました」

と供述した。

収賄側の寺本からも同様の供述が取れた。

とにもかくにも、犯罪者の心理を考えると、賄賂の授受の場所を選ぶのは至極当然のことである。特に収賄側からすると、他人から分からないよう現金をもらいたいと思うものだ。そのような心理状態を満足させられるような場所かどうかを、正確に裏付けるためには、実際に現場に足を運ぶことが不可欠だ。

時間帯によって店の客の出入りに違いがある。その点についても、客観的証拠を検討し

ておく必要があるだろう。例えば、店のレジの伝票などで裏付けを取っておくべきである。

小さなスナック

もう一つの例を挙げよう。

建設業を営む会社の深谷正男社長がW市発注の汚水管敷設工事に関し便宜を図ってもらった謝礼としてW市建設部長の曽根弘文に現金一〇万円を供与した事件があった。

被疑者深谷らの身柄の送致を受け、取り調べ、勾留して捜査を続けた。

賄賂の授受の場所は、数人座れば満席になるカウンターだけのスナック「瞳」だった。

実際に、スナック「瞳」に足を運び、店内に入ったところ、このようなところで、現金を渡すことができたのだろうかと、疑問を持った。

再度、被疑者らから賄賂の授受の状況を訊いた。

贈賄側の深谷社長は

「私は、予め会社の経理に茶封筒入りの現金一〇万円を用意させ、背広の内ポケットに入れてから、曽根さんに電話し、馴染みのスナック『瞳』に誘いました。水割りなどを飲みながら、『何かと便宜を図っていただき感謝しています』などとお礼を言いました。曽根さんも鷹揚に頷き、『ちょっと失礼するよ』と言ってトイレのために席を立ちました。いつもなら、ママさんが店奥のトイレの前でお客さんを待つのですが、このときは、私がママさんからおしぼりを受け取り、トイレの前で少し待ちました。

曽根さんが用を済ませてトイレから出てきたので、現金一〇万円入りの封筒を背広の内ポケットから取り出し、すかさず、『どうぞ』と、曽根さんの背広の外ポケットに押し込み、おしぼりを渡しました。曽根さんは、現金のお礼の意味も込めて、『ありがとう』と言って、おしぼりを受け取ってくれました」

と、詳細に供述した。

曽根部長も深谷社長と同様の供述をした。

こうして、私の疑問も解消した。

特に、贈賄側は、人目に触れずに授受をするためにいろいろな配慮をしているはずだ。どのような配慮をしたかは、本人も十分分かっている。一方、収賄側も、贈賄側の気持ちや配慮を十分承知しているものだ。

とにかく、犯行現場に足を運び、第六感でその場をよく見ることだと思う。

最近では、五感すら十分に働かさずに捜査しているのではないかと危惧する。今や科学捜査が進んだといえ、むしろ、第六感を養うことの方が重要ではないかとさえ思う。広辞苑によると、第六感とは「五感のほかにあるとされる感覚で、鋭く物事の本質をつかむ心のはたらき」とある。よく噛みしめてみたいものだ。

（注）昭和三八年に東京都内で発生した幼児誘拐殺人事件。犯人は、当時四歳の吉展ちゃんを公園から誘拐して殺害し、墓地の石室内に死体を隠した。二日後、吉展ちゃんの家族に身代金を要求し、母親が指定場所に持参した現金五〇万円を奪って逃走。当時、戦後最大の誘拐事件といわれた。容疑者として浮上した時計修理工を自供させたのが、警視庁捜査一課の平塚刑事だった。事件解決まで二年数か月を要した。警察が初めて報道各社と報道協定を結んだ事件としても知られている。

▼関係法令

刑事訴訟法第一九一条第一項（検察官）
検察官は、必要と認めるときは、自ら犯罪を捜査することができる。

投書

今も昔も贈収賄事件の端緒を摑むのは難しい。

仮に、端緒を得て、内偵捜査を続けても被疑者を検挙できる確率は低い。昔から石油の鉱脈の発見になぞらえるくらいだ。試掘のためにボーリングを始めても、実際に石油を掘り当てるまでかなり時間がかかるといわれている。特捜部の内偵捜査でも同じようなところがある。

投書は捜査の端緒の一つであるが、匿名のものが多い。検察だけでなく警察にも同様の投書が出されていることが少なくない。既に警察も内偵捜査を開始している可能性が高いと考えて捜査するくらいが良い。

問題は、投書の内容の信憑性があるかどうかだ。早期にその確度を摑む必要がある。

匿名の投書

ある日、特捜部に一通の匿名の投書が届いた。

「A市建設部課長の浅沼には愛人がいる。愛人のマンションの家賃を大手電気通信会社の下請設備業者の金子なる人物に支払わせている」

などという内容だった。

建設部には浅沼健次郎という課長が在籍していた。

投書の浅沼課長と同一人物と推測された。

大手電気通信会社の下請設備業者の「金子」なる人物については、姓のみでは人物を特定できなかったが、役人の浅沼課長に愛人がいるという情報は貴重だった。浅沼課長が業者に家賃を支払わせているだけではなく、業者から賄賂をもらっている可能性も十分にある。

尾行

捜査の中心は、まずは愛人と金子という業者の割り出しである。

特捜部の検察事務官が二人一組で浅沼課長の尾行を始めた。

具体的には、浅沼課長が自宅を出て市役所に出勤し、その後仕事を終え自宅に戻るまでの間、利用交通機関を含め、終始その行動を監視するのである。

まずは、通動ルート等の行動パターンを把握し、市役所に入るときの服装等を確認すれば、退庁時からの尾行ができる。

特捜部の検察事務官井村徹らは、二人一組で一週間、浅沼課長を尾行したが、浅沼課長は役所を出て最寄りの地下鉄の駅から自宅に戻るだけで、なかなかシッポを出さなかった。

私が撤退を考え始めた、そんなある日の夕方だった。

浅沼課長は、いつものように市役所を出て最寄り駅に向かった。

直ぐに改札を通らないで、駅構内の売店に立ち寄り、強壮剤入りのドリンクを買って、その場で飲み干した。

この様子を、井村事務官らは見逃さなかった。浅沼課長が愛人に会いに行くのではないかと考え、あとを追った。

浅沼課長は、H駅で途中下車し、徒歩圏内の賃貸マンション「メゾン番町」に入り、エレベーターで七階まで行き、七〇七号室に合鍵で入った。

約一か月半にわたる尾行の結果、浅沼課長がほぼ週一回の割合で「メゾン番町」七〇七号室を訪れており、その部屋には若い女性が住んでいることを突き止めた。

贈賄業者の特定

その後、「メゾン番町」七〇七号室（2LDK）の賃貸借契約状況を調べたところ、借主は金子大介であったが、「多岐川英子」なる女性が実際に入居する条件で賃貸されていた。書類上は英子が同居人、連帯保証人は浅沼課長であることも判明。

家賃は、S銀行の「金子大介」名義の普通預金口座から振り込まれており、口座名義人の勤務先は「金子通信設備株式会社」（以下「金子通信」）で、社長が金子大介であることも分かった。この口座の取引明細をみると、専ら、七〇七号室の家賃、電気・ガス料金等の自動引落口座として使用されていた。

投書の「金子」なる人物は、金子通信の金子大介社長であると考えてほぼ間違いなかった。金子通信は、テレビ共同聴視設備工事などの専門業者であり、大手のテレビ電気設備会社からA市発注のテレビ共同聴視設備工事等を数多く下請けしていた。

英子は、二八歳で、スナック「ひまわり」の元ホステスで、金子社長や浅沼課長は「ひまわり」の常連客であったことも分かった。

その後の捜査状況

特捜部は捜査を進め、浅沼課長が金子社長から北陸の温泉地で二泊三日のゴルフ・宿泊接待を受けていたことや、金子社長や英子らと信州の高級ホテルに宿泊し、ゴルフ場でプレーした際の宿泊代金等の一部を金子社長に代払いしてもらったことを突き止めた。

特捜部は強制捜査に着手し、関係箇所を捜索するとともに、浅沼課長や金子社長を贈収賄容疑で逮捕した。

浅沼課長は、A市発注に係る通信設備工事に関し便宜を図った謝礼として金子社長から現金一〇〇万円の賄賂を受け取っていたことを自供した。

驚くことに、この賄賂は、定職のない英子が月々の家賃の支払いに困り出したことを知った浅沼課長が、「一〇〇万円を都合してくれ」と、金子社長に無心して供与させたものだった。一方、英子は浅沼課長から家賃分として現金五六万円をもらい、引落口座にそのまま入金していた。

特捜部は、現金一〇〇万円とゴルフ接待等につき、浅沼課長と金子社長を贈収賄罪で起訴した。

その後の捜査で明らかになったことだが、浅沼課長は、英子にせがまれ、他の通信設備業者に賄賂を要求し、「メゾン番町」七〇七号室にテレビ・ビデオデッキ、ルームエアコン等を備え付けさせていた。そればかりか、他の通信設備業者に「娘に女性用ゴルフセットをせがまれた」と、嘘を言ってゴルフセットをもらい受け、英子に贈っていた。

さらに浅沼課長は、他の通信設備業者からも同様の便宜を図った謝礼として現金五〇万円の供与を受けていた。

特捜部は、現金五〇万円とテレビ・ビデオデッキ等につき、浅沼課長を収賄罪で追起訴した。

投書は、その真偽を判別することは難しく、実際、投書が端緒になって立件できるケースは少ないが、中には、この事件のように被疑者の逮捕・起訴に至るケースもある。

▼関係法令

刑法第一九七条第一項前段（収賄）

公務員が、その職務に関し、賄賂を収受し、又はその要求若しくは約束をしたときは、五年以下の懲役に処する。

刑法第一九八条（贈賄）

第一九七条から第一九七条の四までに規定する賄賂を供与し、又はその申込み若しくは約束をした者は、三年以下の懲役又は二五〇万円以下の罰金に処する。

刑事訴訟法第一九一条第二項（検察事務官）

検察事務官は、検察官の指揮を受け、捜査をしなければならない。

〈コラム〉
役者根性

ＮＨＫの連続テレビ小説の平均視聴率トップは、「おしん」の五二・六％であるが、これをピークに視聴率は長期低落傾向にある。最近ではなかなか二〇％を超えないようだ。

令和三年度後期放映の「カムカムエヴリバディ」（藤本有紀作）も平均視聴率は一七・一％だったが、私も妻も、毎朝、テレビを見るのを楽しみにしていた。

初代ヒロインは「安子」、二代目ヒロインは「安子」の娘「るい」、三代目ヒロインは「るい」の娘「ひなた」。

三代にわたって生命が繋がっていく一〇〇年のファミリーストーリーである。脇をベテラン俳優や個性的なキャラの子役が固め、テンポが速く、物語が進行する。なかなか見応えがあるドラマに仕上がっている。

「安子」の物語は、戦中から戦後の混乱期に、夫の戦死という不幸にも堪え、娘「るい」と共に力強く生きる「安子」の姿が描かれている。

「安子」の夫・稔は、ジャズトランペッター「ルイ・アームストロング」の名前にちなんで娘を「るい」と名づけた。「どこの国にも自由に行くことができる、どんな音楽でも自由に聞くことができる、そんな世界を生きてほしい」という願いが込められているという。

戦後、「安子」は岡山の夫の実家「雉真家」に「るい」を残し、進駐軍将校とアメリカに渡る。ドラマ全体がやや暗く、閉塞感もあった。

「るい」の物語は、時代が貧しくても希望を持って生きようとする人々の息吹が感じられ、笑いを誘う場面も少なくない。

「るい」は、岡山で、母「安子」に対する憎しみを胸に秘めて育ち、一八歳のときに大阪に出て来る。街中で、「竹村クリーニング店」の店主竹村平助とひょんな事から知り合い、住み込み店員として迎え入れられ、竹村夫婦の愛情を一身に受けながら、店の仕事を覚え、明るく働くようになる。トランペッターの「大月錠一郎」と運命的な出会いをして結婚。娘「ひなた」を授かり、親子三人の生活が始まる。

中でも、竹村平助役の村田雄浩さん、その妻和子役の濱田マリさんの演技が光る。平助は、丁寧な仕事振りでアイロンがけに自信を持ち、人情に厚く、妻の和子の尻に敷かれている好人物として描かれている。

平助と和子が関西弁でテンポ良くやり取りする場面は、上方漫才を見ているようで見所の一つである。

二人がその場に居るだけで、ほんわかとした雰囲気を醸し出す。「るい」に注がれる二人の眼差しはとても温かい。東京都出身の村田雄浩さんが関西弁を見事に操るのには感心する。二人のベテラン俳優の演技が際立つドラマだ。ここに、間違いなく、人気の秘密の一つがあるように思う。

村田雄浩さんが、ＮＨＫの番組「あさイチ」に出演してインタビューを受け、「カムカムエヴリバディの本番前、毎回、業務用の重いアイロンの温度を確かめ、自分のハンカチを使ってアイロンがけの練習をしています」と、裏話を明かした。印象に残る話だ。ともあれ、役作りのために日々の努力を欠かさない姿勢には頭が下がる。

「るい」の夫・錠一郎は、戦災孤児で、アームストロングの「On the Sunny Side of the Street」（陽のあたる通りで）に特別な思いを持つ。この曲は、「るい」にとっても、生き別れた母「安子」に繋がるものだ。「ひなた」の名前は、「陽のあたる通りを歩いて生きてほしい」という両親の願いを込めて名づけられたという。

錠一郎を演じるオダギリジョーさんが役作りに取り組む姿勢は、村田さんのそれに劣らない。彼は、インタビューに答え、

「トランペットは簡単でありませんでした。体にしみこませないと、本番の緊張感の中では役として自由に動けないんですよね。練習は六時間があっという間に感じるほど熱中しましたね。ルイ・アームストロングの映像を見て、白いハンカチを手にステージに立つ姿をまねしています」

と、語る。（NHKドラマ・ガイド「連続テレビ小説　カムカムエヴリバディ　Part2」NHK出版）

ドラマでトランペットを吹く錠一郎の姿に不自然さが見えないのは、やはり、日々、オダギリさんが練習を積み重ねた賜物であろう。

努力はうそをつかない。久し振りに役者根性を垣間見る番組に出会った。

追記

令和四年一〇月二五日、優れたドラマを顕彰する「東京ドラマアウォード2022」の作品賞・連続ドラマ部門で「カムカムエヴリバディ」が優秀賞を受賞し、ドラマで錠一郎役を演じたオダギリジョーさんが助演男優賞を受賞した。

第四章

法と裁判

トロンハイムの運河

無罪判決

公判立会

昭和四七年四月、私は検事に任官し、東京地検で第一歩を踏み出した。

最初に公判部に配属された。被告事件記録を読み、公判提出証拠を選別して冒頭陳述書を起案し、担当裁判部の開廷日には、事件記録を特製の大型風呂敷に包み、先輩検事と共に地裁の法廷に立った。

一人で公判立会するようになったある日の午前中、先輩検事から、

「今日の午後から用事ができたので、悪いが、私の代わりに被告人Xの判決の言渡しに立ち会ってくれないか」

と、頼まれ、急遽、判決期日に立会することになった。

事件は業務上過失致死被告事件だった。

被告人XはH美容整形外科の医師。当時二六歳の女性の豊胸手術（豊乳術）を行った際に結果的に誤って多量のワセリン（補塡液）を注入したため、左右両肺塞栓症により死亡させたとして起訴されていた。

無罪判決

その日の午後、私は東京地裁の法廷に入り、検察官席に座った。

裁判長が開廷を宣言した。

「被告人、前へ。判決を言い渡します」

「被告人は無罪」

という裁判長の声が法廷に響いた。

全く予期せぬことだった。一瞬、頭が真っ白になる。

先輩検事が新任検事の勉強のために判決に立ち会わせたのだろうかと、そんな思いが頭をよぎったが、裁判長の無罪理由を聞き漏らさないよう一生懸命メモを取った。

長い朗読が終わり、裁判長は、

「以上の通り、本件公訴事実は犯罪の証明がないことに帰するので、刑事訴訟法第三三六条により、被告人は無罪の判決をする」

と、締めくくった。

X医師に対する無罪判決の要旨は、

「豊乳術施行の際、医師が結果的に誤って多量の補填液（ワセリン）を注入し、そのため患者を死亡させたとしても、当時美容整形界において、豊乳術の方法として確立されたものがなく、施術の手段・方法が施術者の選択にまかされており、かつ注入量を客観的に判定する方法も開発されていなかったという事情のもとで、医師が自己および自己の属する整形外科医院において、当時までに経験し、一度も事故をみなかった多数の床例を基礎とし、通常の例に従い、通常の基準量を標準として、通常の方法で危険の有無を判定し、注入量を決定した場合には、医師に過失ありとすることはできない」

というものであった。

控訴要否調査

判決後、地検に戻り、急いで公判部長と次席検事に無罪判決を報告し、控訴の要否を審議するための調査に取り掛かった。

無罪判決に不服がある場合には、控訴の申立てを行い、控訴審で無罪判決の当否について審査を求めることになるが、控訴の申立てができるのは、刑事訴訟法第三八四条に定める理由がある場合に限られている。通常、無罪判決に「事実誤認」、つまり、原判決の事実認定が論理則や経験則等に照らし不合理であれば、それが控訴理由になる。

当時、豊胸手術は、専ら開業の美容整形医の領分とされていて、シリコンやワセリン系の物を胸に挿入するか、液体を注入する方法が行われていた。

判決は、「注入されたワセリンが左右各乳房の底部にある静脈血管の損傷箇所から静脈内に吸収され、さらに肺の小動脈及び毛細血管に至り、血管内に充てんされ、それによって引き起こされた左右両肺の重篤な塞栓症が死因である」と認定した。

ここで問題となるのが、静脈血管の損傷原因である。

判決は、多量のワセリンの注入により乳房底部の組織内の圧力が急激に増大し、その圧により同部位の組織が断裂し、これに伴って血管が損傷した可能性が極めて高いという。

当時、美容整形界の実情はというと、ワセリン注入量の判定については客観的基準がなく、個々の医師の経験と勘に任されていた。X医師も、過去本件と同様の方法で約五〇〇例の豊胸手術の経験を有し、一度も事故がなかったため、全く組織断裂の危険性を予測できず、通常の例に従ってワセリン注入量を判定して注入したものであった。

無罪判決を精査しても、判決の事実認定に論理則や経験則に照らし不合理であるとまでいえないため、検察は控訴をせず、無罪判決を確定させた。

医療過誤と刑事処罰

現在、インターネットで「豊胸手術」で検索すると、数多くの美容整形外科のホームページで最新の手術方法が紹介されている。

例えば、ワセリンではなく、ヒアルロン酸を注入するバストアップ法とか、胸に挿入する豊胸バッグについても、従前型よりシリコンの漏れを防止できる改良型のほか、生理食塩水バッグ、乳腺下専用型などがあるという。

豊胸手術だけでなく、医療は、日々進歩し、その水準も変化しているが、医療行為自体は常に危険性を内包するものである。

現に、「医療の目的からすれば、危険性があるからといって医療行為を中止することはできず、かえって医学の進歩のためには実験的な医療さえも必要とされる場合があるところに医療行為の特質がある」、「特に、略式命令事件については、医療行為の特質等も十分考慮したうえで、刑事処罰の必要性・妥当性について慎重な判断をする必要性がある」とし、刑事責任の追及については、「少なくとも医療関係者に対し同種事故の再発防止のための抑止力としての効果を有することは否定できないだろう」（飯田英男『刑事医療過誤Ⅱ』（判例タイムズ社）一一頁、二五頁）との指摘がある。全くの同感だが、医療過誤に対する刑事処罰の在り方について、医療関係者らと共に検討すべき課題は少なくないように思う。

平成一五年八月、検察は、「医事係検事の設置について」の次長検事依命通達を発し、医療過誤事件等の捜査及び処分等を担当する医事係検事を地方検察庁に設置することにした。

いわゆるチーム医療による重大な医療過誤事件については、複数の被疑者の取調べや医療の専門家を含む多くの関係者からの事情聴取を必要とし、初動段階から高度な専門知識を有する検察官による継続的な捜査が不可欠であるからであろう。

その一方、私達一人一人が医師らの矜持を評価し、その志の高さを敬い、彼らに日々生きがいを持って不安なく医療に専念してもらいたいと思う。

▼関係法令

刑法第二一一条（業務上過失致死傷等）

業務上必要な注意を怠り、よって人を死傷させた者は、五年以下の懲役若しくは禁錮又は一〇〇万円以下の罰金に処する。重大な過失により人を死傷させた者も、同様とする。

刑事訴訟法第三三六条（無罪の判決）

被告事件が罪とならないとき、又は被告事件について犯罪の証明がないときは、判決で無罪の言渡をしなければならない。

刑事訴訟法第三八二条（控訴申立ての理由―事実誤認）

事実の誤認があつてその誤認が判決に影響を及ぼすことが明らかであることを理由とし

て控訴の申立をした場合には、控訴趣意書に、訴訟記録及び原裁判所において取り調べた証拠に現われている事実であつて明らかに判決に影響を及ぼすべき誤認があることを信ずるに足りるものを援用しなければならない。

刑事訴訟法第三八四条（控訴申立ての制限）

控訴の申立は、第三七七条乃至第三八二条及び前条に規定する事由があることを理由とするときに限り、これをすることができる。

被告人の嘘

被告人が刑を軽くしたいと思って嘘をつくことがある。被告人が嘘をついたからといって偽証罪には問われない。時には、検事も裁判官も被告人にだまされる。

無免許運転事件

野村良子は、一八歳の時に普通運転免許を取得した。その後、中古自動車を購入したが、通行禁止違反、指定放置駐車などの交通違反を一〇回も重ね、四度にわたる免許停止処分を受け、その挙げ句、免許取消し処分を受けた。それでも車を処分することなく、無免許運転を続け、無免許運転の罪で罰金八万円と無免許運転及び一時停止違反の罪で罰金三〇万七〇〇〇円に処せられた。

その後も、良子は日常的に無免許運転を繰り返していたため、再び警察に検挙された。検察は、良子を無免許運転の罪で起訴した。

罰金刑

第一回公判期日で、良子は無免許運転の事実を認めた。

良子は、

「D大学文学部卒業後、航空会社の事務員として働いていましたが、昨年退職し、今は職探しをしながら、司法書士の資格を取るため、H法律専門学校に通って勉強しています。今年は受験するつもりです。無免許運転で検挙された日も、図書館で借りた本を返しに行く途中でした」

などと、弁護人の質問に対し淀みなく答えた。

また、検察官から無免許運転を繰り返していた理由を問われると、良子は、

「事故さえ起こさなければ運転してもよいと思っていました」

と、平然と答えた。

検察官は論告で、被告人の無免許運転の動機が短絡的で酌量の余地はなく、交通法規に対する規範意識の低さや常習性は顕著であるとして懲役六月を求刑したが、裁判所は、罰金三〇万円の判決を言い渡した。予想外の判決だった。

罰金刑を選択した主な判決理由をみると、

①被告人は、本件を認めて反省し、無免許運転を二度としないよう、本件使用車両の鍵は弟に預けるとともに、同車両をオークションに出して売却するための努力をしていること

②司法書士となるためにH法律専門学校に通って勉強し、本年その受験を予定しているところ、懲役刑を選択して相当期間その資格を失わせることは（司法書士法第五条第一号参照）は、現時点において本件を反省し、真面目に勉強している被告人にとって酷であること

③被告人は、公判請求されたのは初めてであり、これまで服役経験がないことなど有利な事情を最大限考慮すると、罰金刑を選択して就学、就労意思を継続させることが相当であること

というものであった。

判決の問題点

被告人の場合、無免許運転の常習性が誠に顕著であり、交通法規無視の態度も著しいものがあるから、判決が述べる被告人にとって有利な情状を考慮したとしても、本件は被告人を懲役刑に処すべき事案である。

しかも、被告人が懲役刑に処せられても、刑の執行が猶予されると、司法書士試験を受験すること自体何ら支障がない。仮に受験して合格すれば、その猶予期間中は司法書士の登録が拒否されるにすぎない。そうすると、受験を予定していることは特別な配慮を必要とする事情とはいえないだろう。判決の理由は根拠が薄く、控訴すべきだと思った。

それにしても、被告人が法律専門学校に通って司法書士の資格を取るため受験勉強中で、検挙当日も図書館に本を返す途中だったというのは、どうも話がうますぎる。

何となく、うさんくさいものを感じた。H法律専門学校に被告人の在籍の有無を問い合わせるなどの補充捜査をさせることにした。

数日後、担当検事から、

「被告人がH法律専門学校に在籍した事実もありません。被告人がD大学文学部卒というのも全くの嘘でした」

という報告を受けた。

まさか被告人が学歴まで詐称していたとは驚きだった。

控訴

検察は、一審判決が罰金刑を選択したことは量刑の裁量を著しく逸脱して軽きに失するものであるから、量刑不当を理由に控訴した。

控訴審は、検察の控訴理由を認め、一審判決を破棄し、被告人に懲役六月、三年間刑の執行を猶予する旨の判決を言い渡した。

昔から、「検事はだまされて成長する」といわれているが、一つでも疑問があれば労を惜しまず捜査を尽くすことが大切である。

▼関係法令

道路交通法第一一七条の二の二（罰則）

次の各号のいずれかに該当する者は、三年以下の懲役又は五〇万円以下の罰金に処する。

一　法令の規定による運転の免許を受けている者（中略）でなければ運転し、又は操縦することができないこととされている車両等を当該免許を受けないで（法令の規定により当該免許の効力が停止されている場合を含む。）又は国際運転免許証等を所持しないで（中略）運転した者（以下略）

司法書士法第五条（欠格事由）

次に掲げる者は、司法書士となる資格を有しない。

一　禁錮以上の刑に処せられ、その執行を終わり、又は執行を受けることがなくなってから三年を経過しない者（以下略）

刑法一六九条（偽証）

法律により宣誓した証人が虚偽の陳述をしたときは、三月以上一〇年以下の懲役に処する。

刑事訴訟法第三八一条（控訴申立ての理由─量刑不当）

刑の量定が不当であることを理由として控訴の申立をした場合には、控訴趣意書に、訴訟記録及び原裁判所において取り調べた証拠に現われている事実であつて刑の量定が不当であることを信ずるに足りるものを援用しなければならない。

死刑か無期懲役か

知人の疑問

令和三年春、富山市の知人から電話があった。

「先日、富山で交番勤務中の警官を刺殺し、奪った拳銃で警備員を刺殺した事件の判決があったのですが、死刑ではなく、無期懲役でした。被告人は裁判でも反省、謝罪の態度を見せなかったので、死刑になるものと思っていた人も多かったはずです。どうして死刑にならないのかと、戸惑いの声もよく耳にします。私も今回の判決には納得できません。是非、意見を聴かせてほしい」とのこと。

「強盗殺人、殺人で二名が殺害されていますので、通常、死刑になる事件だとは思いますが、判決を読まないと確かなことは言えません。判決が公刊物等に登載されたら、内容を検討してご返事します」

と、ひとまず電話を切った。

最近、この事件の判決を読むことができたので、知人への回答の意味も含め、判決についての感想を綴ってみたい。

事件の概要

事件は、平成三〇年六月二六日の白昼に発生した。

犯人は、アルバイト従業員A（当時二二歳）で、元自衛隊員だった。

Aは、富山市内で勤務先の店長を拳骨で殴打するなどして傷害を負わせた後、富山中央警察署奥田交番を襲撃し、勤務中の警察官一名（警部補・当時四六歳）をナイフで刺殺し、警察官から回転弾倉式拳銃（実包装塡）一丁を奪った。

引き続き、Aは、近くの小学校付近で警備員一名（当時六九歳）の身体に向けて二発発砲したが、命中しなかったため未遂に終わった。その後別の警備員一名（当時六八歳）の顔面に向けて一発発砲して射殺し、その約二〇分後に駆けつけた警察官に現行犯逮捕された。その際、Aは警察官に拳銃で撃たれ、傷害を負って入院。同年一〇月一〇日通常逮捕され、その後送検されたという。

検察は、Aを、強盗殺人、殺人、殺人未遂、銃砲刀剣類所持等取締法違反、公務執行妨害、傷害の罪で起訴し、死刑を求刑した。ところが富山地方裁判所は、令和三年三月五日、被告人Aに対し、死刑ではなく無期懲役の判決を下した（LLI／DB判例秘書登載）。

主な争点は、警察官に対する強盗殺人罪の成否と量刑だった。

検察は、事前に警察官を殺害して拳銃を奪うことを企てた強盗殺人罪が成立すると主張し、一方弁護人は、拳銃を奪う意思が生じたのは警察官殺害後であるから、殺人罪と窃盗罪が成立するにとどまると主張した。

裁判所は、弁護人の主張を認め、警察官に対する犯行について罪となるべき事実として、次のように認定した。

Aは、これまでも人間関係での失敗を繰り返していたにもかかわらず、再び同様の失敗を繰り返して社会の中で居場所を定めることのできない自身への失望や嫌悪感、これから何も展望のない人生を生き続けることへの諦めの気持ちや疲労感に加えて、いままで自身を拒絶した者たちへの敵意等の感情が爆発して自暴自棄となった。

そこで、Aは、自衛隊での勤務時の訓練等で身に付けた自分の能力が通用するのか戦いによって確かめたいなどと考え、その相手が拳銃という武器を所持するものであれば精神的抵抗が低かったので、標的を警察官と決め、富山中央警察署奥田交番東側勝手口付近において、殺意をもって、交番勤務中の警察官をナイフで多数回突き刺すなどして殺害し、警察官から回転弾倉式拳銃一丁を窃取した。

強盗殺人罪の成否に関する判示

強盗殺人罪の成否に関する判示をみると、概略は次の通りである。

「通常逮捕当日のAの警察官調書には、『警察官を殺害して拳銃を奪うためにその交番に行きました』などと記載されているが、Aが、交番で警察官と戦うことを考え始めてから実行に移すまでの時間は一時間に満たない程度であり、交番を襲撃する前に、襲撃後の具体的な行動を計画していたことを示す客観的な証拠は見当たらない。

また、Aと弁護人とのやり取りにおけるAの発言（「生き残った、その、自分が死なずに生き残ったってことは、当然次の警官との戦いがあると思ったので、当然武器は確保しなきゃいけないな、と思ったので、拳銃を奪いました」）や交番襲撃前後のAの行動によれば、交番を襲撃する前に、交番で警察官と戦い、拳銃を奪って、さらに次ということを具体的に想定していたとは考え難く、ともかくも警察官と戦うという意思を抱いてから、偶々そのとき一番近くにあった交番に赴くこととし、最初の戦闘で死ぬことさえ想定していたAが、警察官と戦って生き残ったことで初めて次の戦闘の準備の必要が生じた時点で、目の前にあった拳銃を取ることを決め、それを使用したという経過であったということも十分に考えられる。

この点、検察官は、警察官を倒してから拳銃を入手するまでのAの手際の良さなどに照らせば、当初から拳銃の奪取を考えていたと主張する。しかしながら、Aが警察官との格闘を終えたときには、拳銃は目につくところに存在していたと推認でき、そのときには周囲に他に人はおらず、拳銃の入手方法も、吊り紐を既にリュックサックから取り出していた斧で切断するという単純なものである。また、Aは、以前、自衛隊に入隊していた際、射撃訓練を受けたことがあり、自宅の自室からはモデルガンや銃関連の雑誌が見つかっているなど、銃を手にすることの心理的抵抗は高くなかったとみられる。

そうすると、警察官を倒してから拳銃を入手するまでの時間の短さは、警察官を倒した後に拳銃を取る意思が発生したとしても特段不自然とは解されない。

その他、検察官は、交番襲撃後、Aが、弾切れを惜しむことなく拳銃のみを使用し続けたこと、制服警察官又はそれと誤認し得る者のみを狙ったことから、Aが警察官を狙い拳銃を奪うことを目的として行動していた旨主張するが、これらの点は、Aが交番襲撃前に拳銃を奪う意思を有していたことを推認させる事情とは解されない。

弁護人との面談や捜査段階の取調べにおけるAの供述態度、供述内容などからは、自身の罪責を軽減させようという意図や姿勢はうかがわれない。

そのようなAが、警察官と戦って殺害する意思であったという供述を、自身の言葉で繰り返し一貫して述べているのに、拳銃を奪う意思に関する供述は曖昧で揺れている。交番襲撃前後のAの行動や弁護人に対する供述内容も併せ考慮すれば、Aに交番の襲撃前に拳銃を奪う意思があったと断じるにはためらいが残る。

そして、Aが、殺人の実行行為に着手してから、拳銃を入手するまでは長くても二分程度であり、A自身、死ぬか生きるかという格闘状況であったと解されることからすると、実行行為の着手後、終了までの間に拳銃を奪う意思が生じたことが確実であるともいえないし、A自身もそのようなことは述べていない。

警察官に対する殺人の実行行為終了後に拳銃を取る意思が生じた可能性を排斥できず、Aが拳銃強取の意思をもって殺害行為に及んだと認定するには合理的な疑いが残る」

若干の検討 1

裁判所は「Aが、警察官と戦って生き残ったことで初めて次の戦闘の準備の必要が生じた時点で、目の前にあった拳銃を取ることを決め、それを使用したという経過であったということも十分考えられる」とし、殺害後に拳銃強取の意思を生じた可能性を排斥できないと判示するが、これは、専ら弁護人が入院中のAから聞き取った内容に沿った推論にすぎず、結論が先にありきとの感が拭えない。

Aが公判廷で検察官のみならず弁護人の質問にも一切答えず、黙秘を通しているのに、弁護人が入院中のAから聞き取った内容を信用し、「警察官を殺害して拳銃を奪うためにその交番に行きました」との警察官に対するAの供述を排斥する裁判所の判断こそ不可解と言わざるを得ない。

かつて自衛隊で射撃訓練を受けたAの自宅の自室からモデルガンや銃関連の雑誌が発見

されている。この事実こそ、Aが事前に拳銃を奪う意思を有していたことを推認させるものと考えるべきだろう。

検察官が「Aが、交番襲撃後、弾切れを惜しむことなく拳銃のみを使用し続けたこと、制服警察官又はそれと誤認し得る者のみを狙ったことから、Aが警察官を狙い拳銃を奪うことを目的として行動していた」旨主張したことに対し、裁判所は、合理的な根拠を示すことなく「Aが交番襲撃前に拳銃を奪う意思を有していたことを推認させる事情とは解されない」と述べて検察官の主張を排斥している。常識的にみれば、むしろ事前に拳銃を奪う意思があったものと推認させる事情というべきである。

要するに、Aの一連の行動や供述に照らし、Aには交番の襲撃前に拳銃を奪う意思があったと考えるべきである。

穿った見方をすれば、裁判所が死刑を回避するために敢えて強盗殺人罪の成立を認めなかった可能性も否定できない。

量刑に関する判示

裁判所の量刑判断をみると、概略は次の通りである。

本件の罪質は重大であり、死亡被害者が二名の殺人の事案のなかでも相当に重い部類に属する。本件は、交番を襲って警察官を殺害した後、取った拳銃を用いてさらに警察官を殺害しようとして、警察官と似た服装をしていた警備員一名を殺害し、別の警備員一名を殺害しようとしたという警察官を狙った無差別殺人の事案である。これらの犯行は、強固な殺意のもとに敢行される犯罪であり、人命軽視の程度が大きく、また、被害が拡大する可能性が高い犯罪類型であるといえる。さらに、そのような罪質の重大性の帰結として、本件の社会的影響は大きく、本件は近隣住民に多大な不安や恐怖を与えたのみならず、交番襲撃事件として全国的に報道もされ、複数の模倣犯をも発生させた。

行為態様は、警察官に対し斧とナイフで襲いかかり、もみ合いになる中で、合計四〇か所の創傷を負わせたというものであり、これらの創傷の中には深さが一〇センチメートルを超える刺創が複数存在した。その態様は極めて強固な殺意に基づいた残忍かつ冷酷なものといえる。警備員に対して、その顔面に不意打ち的に至近距離から拳銃を発射したというものである。

これは被害者を確実に殺害することのできる方法であり、強固な殺意に基づいた、生命侵害の危険性の極めて高い卑劣な犯行である。

本件では何ら落ち度のない二名の被害者の尊い命が突如として奪われており、被害者の無念さは察するに余りある。結果の重大性に鑑みれば、被害者遺族らが一様に峻烈な処罰感情を述べることも当然である。事件から二年以上経過した現在においてもそのような感情はおよそ癒されていない。これまで、Ａから遺族に対する謝罪や慰謝の措置は何ら講じられておらず、このような遺族らの心情には無理からぬところがある。

警察官襲撃の動機は、八つ当たり以外の何物でもなく、極めて身勝手で、酌量すべき点は全くない。

また、弁護人は、本件各犯行時、自閉症スペクトラム障害（以下「ＡＳＤ」）の影響により、Ａには善悪の判断能力はあったが、行動制御能力（その判断によって思いとどまる力）が低下しており、責任能力が相当低下していた旨主張している。

本件各犯行時、Ａにおいて行動制御能力が低下していたとはうかがわれず、責任能力が低下していたという疑いは生じないが、本件各犯行に至る経緯、動機形成の過程においては、本人の努力では如何ともし難い先天性の脳機能障害に起因する発達障害であるＡＳＤの影響が様々な面で表れており、かつ、本件各犯行以前にその診断を受ける機会を逸し、Ａ自身がその原因を知ることができなかったことが、なおさらＡが孤立感を強め、自己肯定感を低下させる一因となっていた。このようなＡＳＤの影響については、非難可能性の点で、一定程度、Ａにとって酌むべき事情である。

さらに、Ａが交番襲撃を決意してから犯行までは一時間に満たない程度であるし、犯行に用いた武器は犯行を決意してから準備したものではない。その後の各犯行から現行犯逮捕に至るまでの経過をみても、行き当たりばったりな面があり、事前に決められた計画に基づいて行動していたとはうかがわれず、本件各犯行の計画性は、高いとはいえない。

以上の通り、裁判所は、量刑判断で考慮した点を縷々述べた上で、「殺人を中心とした罪質、行為態様及び結果の重大性からすれば罪責が極めて重大であることは明らかである。本件各犯行の特徴として、その経緯や動機形成の点にＡＳＤの影響が色濃く表れている点が挙げられる。当裁判所は、死刑がやむを得ないといい切れるか慎重に検討を進める中で、責任能力が低下していたとはいえない以上、この点を大きく斟酌することができないことは前提として、本件の経緯、動機形成においてＡＳＤの影響があることは明らかであることから、一定の限度で被告人に有利に考慮することが相当としたものである。本件は計画性が高いとはいえない事案でもある。これらの事情を考慮して、評議の際に量刑資料としたもののうち死刑が選択された殺人事件と比べると、それらと同程度にまで極めて重大なものであるとまで評価することはできず、死刑を選択することがやむを得ないとまではいえない」と結論付けた。

若干の検討　2

裁判所の量刑判断は、全般的に見て説得力に乏しい。

百歩譲って、警察官に対する強盗殺人罪を認めず、殺人罪と窃盗罪の限度で事実認定した裁判所の判断を前提としても、本件の罪質、殺害の方法の執拗、残虐性、結果の重大性、被害遺族の処罰感情、社会的影響などの情状に照らし、本件は十分に死刑を選択すべき事案である。

しかも、裁判所が、Ａの責任能力が低下していたとはいえない以上、本件各犯行に至る経緯、動機形成過程でＡＳＤの影響が色濃く表れている点を大きく斟酌することができないとし、それを前提として量刑を判断するのであれば、大きく斟酌できないＡＳＤの影響は死刑を回避できる事由にはなり得ない。

本件では、計画性が高くないという点がＡにとって有利な情状になるとはいえ、これまでの裁判例を見る限り、死亡被害者二名の殺人事件については、「殺害の計画性が高くない」事案と認定されると、無期懲役とされる事例が多いが、殺害の計画性の観点のみを量刑事情に掲げる判決は皆無である（司法研修所編『裁判員裁判における量刑評議の在り方について』二一〇頁）。

現に、計画性が認められない事案でも、殺害方法が特に残虐であって極めて強固な殺意に基づいて二名を殺害したという犯情悪質な強盗殺人事件について死刑が選択されている（前掲書一二四頁）。このような従前の事例と比較しても、本件は、警察官にナイフで合計四〇か所の創傷を負わせるなど極めて強固な殺意に基づいた残忍かつ冷酷なものであり、警備員に対してもその顔面に拳銃を向けて至近距離から射殺するという強固な殺意に基づく生命侵害の危険性が極めて高い犯行であって、生命を軽視した度合いが大きく、犯情の悪質さは際立っている。

そうすると本件の場合、死刑の選択はやむを得ないと考えるべきではないだろうか。警察官に対する強盗殺人罪が成立すれば、尚更死刑を選択すべき事案であることは明らかである。最後に、本件では、Aが白昼交番を襲撃し、強固な殺意をもって警察官を殺害し、その後殺傷能力の極めて高い拳銃を用いて無差別殺人に及んでいるが、これは正に司法ひいては国家に対する真正面からの挑戦であり、一般予防の観点からもより厳罰に処してしかるべき事案である。判決を読む限り、このような点が何ら考慮されていない。

いずれにせよ、本件判決については、検察、被告人双方が控訴しているので、控訴審がどのような判決を下すか注目される。

追記

令和四年三月二四日、控訴審の名古屋高裁金沢支部判決（ＬＬＩ／ＤＢ判例秘書登載）は、拳銃強取目的の有無について原判決に事実誤認があるとし、被告人の供述は客観的な証拠により認められる事実関係と整合し、十分に信用することができ、その供述や一連の行動等から、「被告人が、自身が射殺されて命が尽きるまで警察官と戦い続けることを考え、そのためにけん銃を奪うことを当初から意図していたとみる」のが自然であると指摘した。

警察官「に対する殺人の実行行為終了後に被告人にけん銃を取る意思が生じた可能性を排斥できないとの原判決の判断は、被告人の客観的な行動等本件の事実経過の評価及び被告人の供述ないし供述調書の信用性の評価を総合的ないし整合的に判断しておらず、論理則・経験則等に照らし不合理といわざるを得ない」から、「殺人罪と窃盗罪を認定した原判決の判断は到底是認」できないとして原判決を破棄し、その上で、「拳銃の強取目的を認め、被告人に強盗殺人罪が成立することを前提として、さらに、被告人の責任能力の程度、本件における犯情及び情状等を総合的に評価し、事案に相応しい量刑を判断する必要があるが、本件事案の重大性や本件が裁判員裁判の対象事件であることに鑑みれば、更に裁判員を含む合議体による審理及び評議を尽くして判断するのが相当」と述べ、富山地裁に審理を差し戻した。弁護側は、同年四月四日、控訴審判決を不服として最高裁に上告した。

なお、死刑を選択するかどうかの判断基準等については、拙書『検事長雑記』（中央公論新社刊）所収の「裁判員裁判における死刑判決」を参照されたい。

〈コラム〉
聴竹居

「聴竹居《ちょうちくきょ》」は、京都郊外、大山崎の天王山山麓に佇む。

建築家・藤井厚二が設計したモダニズム木造平屋建住宅である。

昭和三年築の本屋と閑室（離れ）、昭和六年築の下閑室（茶室）から成る。日本の二〇世紀遺産二〇選（日本イコモス国内委員会選定）に選ばれた歴史的建築だ。平成二八年一二月、株式会社竹中工務店が聴竹居の所有権を取得し、一般社団法人聴竹居倶楽部に建物の維持管理・運営や公開活動を委託した上で、地元住民スタッフの協力を得て一般公開している。翌年七月、国の重要文化財に指定されたという。

前庭

令和三年の冬、松隈章さんの案内で知人らと聴竹居を見学する機会を得た。松隈さんは、竹中工務店設計本部設計企画グループ部長付で聴竹居倶楽部の代表理事を兼務されている。

最初に前庭に案内された。

「以前、庭は芝生で覆われていましたが、今は、木々が生い茂ったため、生育できず、地肌のままです。おそらく、藤井は、芝生で洋の雰囲気も意識したと思います。ここからは、手前に桂川、宇治川、木津川の三川と男山を望むことができます。昔はもっと見晴らしがよかったと思います」と、松隈さんが指を差す。

なかなかの眺めだ。

大きな枝を張るもみじの大木と赤く燃えるようなドウダンツツジに囲まれた本屋を背景に記念撮影を済ませ、玄関に向かう。

玄関から中に入ると、松隈さんが「後ろを振り返ってください。玄関扉のカットグラスが素晴らしいでしょう」と言う。

扉の中央には、幾何学的デザインの木枠が施され、ドイツ製だといわれているカットグラスが嵌め込まれている。シンプルでお洒落なデザインだ。透明ガラスのため玄関前の植木が透けて見える。自然を利用したステンドグラスと言えそうだ。

聴竹居本屋

縁側

居室（リビング）を通って縁側に案内される。縁側の幅は約六メートル。大きく水平に連続した窓割りで、南、東、西の三面にガラス戸（窓）が設えつけられ、椅子が並べられていた。

縁側からの眺め
上：竹中工務店提供、撮影／古川泰造
下：著者撮影

「どうぞ、縁側の椅子にお掛けください。ここからが取って置きの眺めです。透明ガラス窓は座ったときの目線に合わせています。上の窓と下の掃き出し窓がすりガラスになっていますね。上のすりガラスが屋根の軒裏を隠し、下のすりガラスが地面を隠し、目の前の景色だけを切り取る額縁効果を狙ったものです。透明ガラスにはゆがみがないでしょう。当時の最高級のガラスが使用されています」

松隈さんに言われるまま椅子に座ると、目の前が大パノラマになっていた。男山を背景にし、色鮮やかに紅葉した植木がほどよく配置された眺めが素晴らしい。屏風絵を鑑賞しているような錯覚すら覚える。

松隈さんの説明が続く。

「東西の角を見てください。柱がないガラス窓です。外の景色がよく見えるように工夫されていますね。聴竹居には雨戸はありませんが、窓ガラス戸と窓枠の接する部分を凸と凹に削って隙間をなくし、気密度を高めています。ガラス戸の桟をよく見てください。ガラスは木枠にマイナスの小さなビスで止められ、ビスの溝の向きがすべて統一されていますね。大阪府北部地震（平成三〇年）のときに両角に二枚あるガラスのうち、各一枚が割れましたが、それ以外のガラスは割れなかったのです。割れたガラスは、現代のガラスで、後年嵌め込まれたものだったのですが、当時のガラスは現代のガラスと遜色はありません。いかに当時品質の良いガラスを組み込んでいたのかお分かりになると思います。

天井は網代天井です。電灯の笠を見てください。吹き抜けになっていますね。埃が溜まらない工夫です。笠は四箇所ではなく、二箇所で吊っているでしょう。バランスを取るのが難しい細工です。笠の四隅の角も和紙で合わせ、細木を使用していません。藤井のデザインですが、職人さんも大変だったと思います」

懐中電灯を持ち出した松隈さんが、天井の中央にある開口部を照らす。

「ここは排気口です。室内の空気を屋根裏に逃がし、通気窓から外に排出します。開閉式になっていて、夏は開放し、冬は閉めます。冬の縁側はサンルームにもなります。藤井のこだわりは排気口の金網部分が下から見えないようにしていることです」

話に聞き入っていると、松隈さんが縁側と居室の間の柱に手をかけた。

「柱は少し細めで、一〇センチ角材です。この家はメートル法で設計されているからです。縁側の床は長さ約六メートルの米松が一枚板で使われています」

因みに、日本では、明治一八年にメートル条約に加盟し、明治二四年に度量衡法が公布され、尺貫を定義してメートル法の計量も認められた。大正一〇年には尺貫法からメートル法へ計量単位の統一が図られた。

客室

客室に案内される。

部屋は狭く、小さめの椅子とテーブルが置かれていた。よく見ると、テーブルの四方が緩やかな曲線で切り取られていた。椅子に座ったときに膝がテーブルに触れないよう工夫したのだろう。窓際に造り付けのベンチもある。

奥の床の間が目を引く。

床壁の中央にある細い板の掛花入と生け花は、自然素材を使った掛け軸に見立てているように思える。床柱は比較的細い竹。床の間とベンチとの間にはスクリーンがある。杉の柾目板の間に真っ直ぐな細竹の立子が縦に等間隔に並ぶ。それはベンチに腰掛けても目線を遮らない位置にある。木枠に和紙の照明が部屋と床の両方を照らしている。

客室はデザイン密度が高く、和と洋がほどよく調和し、穏やかな雰囲気を漂わせていた。正に上品で繊細な美が溢れていた。

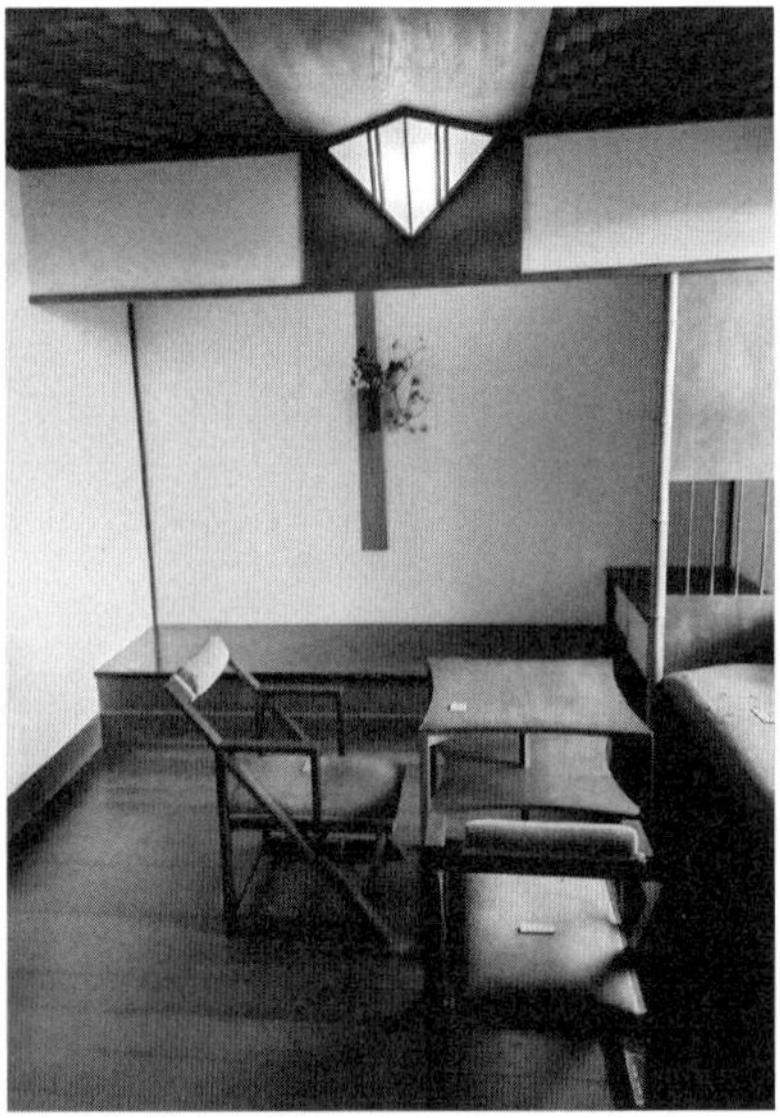

客室

「椅子は藤井がデザインしたものですが、着物で腰掛けるため座面を広くし、着物の女性が座っても、帯のお太鼓が枕に当たらないように工夫されています。肘掛けも着物の袖が振れないように短くなっています。女優の名取裕子さんが、あるテレビ番組のロケで来られたので、実際に椅子に座ってもらい、和服姿の写真を撮らせてもらいました」

松隈さんが客室の窓障子を開けると、ガラスの格子戸が現れた。その前に立ち、

「このように格子戸を引いていくと、横木が段違いに組まれているため模様が変化するのが分かりますか」と問い掛ける。どこか、からくりを見ているようだった。

居室

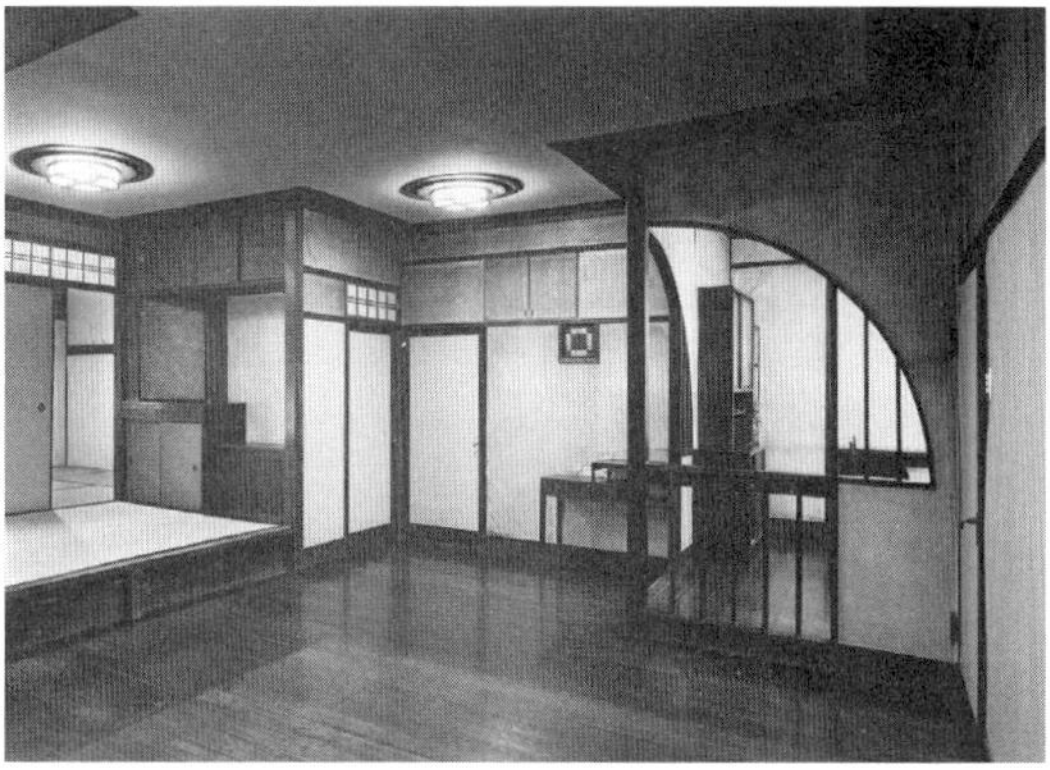

居室（撮影／古川泰造）

客室から居室に移動。

居室は天井が高く客室よりも広い。客室、縁側、食事室、読書室を繋ぐハブの役割も持つ。居室に隣接して畳の床を三〇センチ高くした「小上がり」の三畳座敷がある。松隈さんがその端に腰を掛けた。

「ここの畳に座った人と、居室に置かれたソファに座った人が同じ空間で心地よく過ごすため、目線の高さを合わせせられるように工夫していま す。小上がりの三角棚に仏壇が、居室の北上部に神棚が収納されています」

創意工夫は半端ではない。松隈さんが扉を開

電気ストーブ

け、「藤井の次女章子さんの話ですが、居室の中央に立って仏壇と神棚に向かって手を合わせるのが日課だったそうですよ」と言った。最近、マンションで仏壇をコンパクトに収納できる棚を造り付けることが珍しくないが、その先駆けと言えそうだ。

北壁面には、スコットランドの建築家マッキントッシュのデザインに酷似した時計が掛けられていた。その下の右側にある段違いの飾り棚は床の間を想像させる。

「時計と棚との横のラインを揃えているところに藤井のこだわりが見えますね」と、松隈さん。和と洋の調和が垣間見える。

松隈さんは、前かがみで「小上がり」の下の引き扉を開けた。

「これは導気口です。建物の西側の崖に開けられた外気取入れ口と結ばれています。地中に土管を埋め込み、川から上がってくる外の空気を、土の温度になっている土管に通すことによって冷やし、室内に取り込むクールチューブです。自然のクーラーと言えますね」

正にエコの発想を取り入れたものだが、現在の住宅に採用されていないと思った。松隈さんにその理由を尋ねると、冷気と共に湿気も取り込まれることに問題があるとのこと。ただ、令和三年の夏に大学の研究者が実際に室外と室内の温度を一〇日間連続で計測したところ、温度差は最大七度もあったというから驚きだ。家族が一番長く過ごすのは居室。正に広くて快適なスペースを実践した一例だろう。

部屋の片隅には冬の暖房器具として青海波模様を施した球形の電気ストーブが当時のままの状態で置かれていた。珍しい形なので写真を撮っていると、「このストーブでお湯も沸かしていたようです」と、松隈さんが教えてくれた。

読書室

居室の隣が読書室（勉強部屋）になっていた。藤井と二人の子供用の造り付け机と本棚がコンパクトに機能的に配置されている。子供用机は縁側に面して障子で仕切られているが、障子を開けると、縁側越しに外の景色を眺めることができる。憎らしいほどのセンスの良さを感じる。

本棚には写真フレームが並んでいた。

読書室からの眺め

行幸啓写真

その一つを見せながら、松隈さんが聴竹居への行幸啓の経緯を説明してくれた。

「平成二五年六月二四日に、当時の天皇皇后両陛下が聴竹居を訪問された折に撮影した写真です。当時、借家人だった私が案内役を務めさせていただきました。この写真に両陛下と一緒に写っているのが私です。両陛下にご説明できたのは、二六分間でした。実は、両陛下がテレビ番組で聴竹居のことをお知りになられ、見学を希望されたそうです」


引き続き、大正三年当時の竹中工務店全社員の集合写真を見せてもらった。

「三十数名の一人として前年に入社した藤井厚二も写っています。初めての東京帝国大学卒の社員です。竹中工務店の設計組織は藤井から始まったのです。藤井は、六年在籍した後、建築家武田五一に京都帝国大学工学部建築科の講師として招聘され、その後教授になりました。このような縁もあって、竹中工務店が藤井家から聴竹居を譲り受けることになったのです」

食事室

次に食事室（ダイニング）に案内された。

北東の角部屋で夏は縁側に次いで涼しいという。居室との間に扉はなく、壁半分が弧の曲線で切り取られている。窓の格子戸の桟の直線との対比が絶妙だ。デザインセンスが光る。窓からの採光も十分に取られ、明るい食事室だ。

松隈さんが、テーブルに置かれた藤井の著作『聴竹居図案集』（昭和四年岩波書店刊）の頁を捲り始めた。

「藤井は、自宅なので、なかなか見学できないことを考え、後進のために聴竹居の設計図などを載せた本を出版したのです。建築当時の様子がよく分かりますね」

聴竹居の周りの様子が今とはかなり違うと思った。

続いて、松隈さんが言った。

「本の中の写真を見てください。先ほどお話しした居室の壁の時計が写っていますが、文字盤が黒ではなく、白いですね。おそらく、マッキントッシュのデザインと酷似していたため、後日、文字盤を黒くしたかも知れないと、聴竹居のスタッフで話しています」

その推理はおそらく間違いないだろう。

食事室と調理室（台所）の間に棚があり、引き戸を開けると、そこから料理を取り込める仕様になっていた。現在でいうカウンターキッチンだ。調理室には、スイス製の電気冷蔵庫があった。コンプレッサーが冷蔵庫の背部ではなく、真上に取り付けら

食事室

電気冷蔵庫

れている。現存するものは殆どないだろう。

閑室

その後、本屋を出て、隣接する閑室（離れ）に案内された。

閑室は藤井の書斎で、いわばプライベート空間。板敷きの広間に入る。天井は見事な掛込天井。垂木は細竹で幾何学的に束ねられ、等間隔に並ぶ赤松との調和が美しい。近代抽象画の巨匠ピート・モンドリアンの「コンポジション」を想起させる。

掛込天井

奥は小上がりの床の間を持つ三畳間だ。床脇の窓から光が射し込み、明るい。和紙を貼った壁がほのかに白く輝き、床には寒椿が生けられ、静謐な空間が広がっていた。

暫し、窓際に沿う造り付けのベンチに腰掛け、松隈さんの話に耳を傾けた。

茶の湯、生け花、陶芸を嗜む藤井は、自ら作陶した作品を床の間に並べ、京都から仕出し料理を取り寄せ、友人らと共に作品を鑑賞しながら愉しみ、家具、照明、敷物のデザインや書籍の装丁も手掛けたという。

藤井の建築思想

才能多彩な藤井は、明治二一年広島県福山の造り酒屋の次男として出生。裕福な家庭で育ち、出雲大社大宮司の娘・千家壽子と結婚。日本の理想の住宅を追い求め、大正四年に神戸市熊内に一回目の住宅を建てて居住。兄の援助を受け、大山崎に山林約一万二〇〇〇坪を購入して居を移す。ここに、大正九年に二回目、大正一一年に三回目、大正一三年に四回目、昭和三年に五回目の住宅を次々と建築した。

藤井は、竹中工務店退社後の大正八年から九か月間、スペイン風邪の世界的な流行の最中、欧米諸国を視察した。住宅の換気、通風の重要性を再認識し、またアール・デコなどモダニズムデザインの萌芽に触れ、最新の建築設備を目にした。このときの知見が聴竹居にも生かされた。

帰国後の大正一二年に関東大震災が発生した。その三週間後、藤井は東京に赴き、その惨状を目の当たりにして大きな衝撃を受けた。耐震を考えると、住宅は平屋建てが良い。四季があって、湿度も高い日本の自然、風土、習慣に適した住宅、特に夏を快適に過ごすことのできる住宅を基本とし、良好な換気・通風や採光を重視する。壁は耐熱性に優れた伝統的な土蔵壁を採用し、何層も和紙を重ねて調湿対策を徹底する。各部屋の間にある襖や欄間を開けるとすべての部屋が繋がり、風の通りが良くなる工夫をする。

今でいう「環境工学」の視点から藤井が「日本の理想の住宅」として提示した到達点が五回目の住宅「聴竹居」である。正に「環境共生住宅」の原点といわれる所以でもある。コロナ禍の今、自然と調和する日本の暮らしの本質を現代に語りかけている建築といえるだろう。

また大阪府北部地震後の改修工事に際し耐震診断を行ったが、想定よりも耐震性が高く、造り付けの家具などが耐震補強にも効果があることが分かったという。

閑室の見学を終え、一般道に繋がる石段を下りていると、急に松隈さんが立ち止まり、「階段に小石が敷き詰められていますが、どの石も表面が平らな自然石です。これだけの自然石を集めるだけでも大変だったと思います。階段の角石も自然石です。三方が九〇度でないと角に使えませんからね」と言う。藤井の自然素材へのこだわりを見せつけられ、驚くというか脱帽するほかはない。

藤井は、昭和一三年に四九歳という若さでこの世を去った。墓は京都・二尊院にある。死を悟った藤井は自ら病床で墓標をデザインした。適度なそりを持ち、水平に力

上：藤井の墓標（竹中工務店提供、撮影／相原功）
下：藤井の肖像写真（藤井家提供）

強く伸びた屋根が特徴的だという。

戦後、人々が日本住宅公団分譲の五〇平方メートル前後の狭い居室を理想のマイホームとして買い求めたことを思うと、非凡で先進性のある藤井の若き死は惜しまれる。聴竹居の魅力は語り尽くせないが、これからも多くの人々を魅了し続けることだろう。

参考文献
松隈章『聴竹居　藤井厚二の木造モダニズム建築』平凡社、二〇一五年

初出一覧

「現場百回」（『検事の風韻』立花書房）、「死刑か無期懲役か」（千里眼一五七号）、「金沢雑感」（わらいふ Vol.7）、「画家の生と死」（草莽の寄合談義五四号）、「役者根性」（千里眼一五六号）、「聴竹居」（法曹八六三号）

「ワープロと予算」「無罪判決」書き下ろし

その他は『検事はその時』より抜粋の上、大幅に加筆修正

中尾　巧（なかお・たくみ）
弁護士（弁護士法人淀屋橋・山上合同顧問）。
1972年東京地検検事任官。法務省訟務局租税訟務課長、大阪地検特捜部副部長・刑事部長、大阪高検刑事部長、大阪地検次席検事、金沢地検検事正、法務省入国管理局長、大阪高検次席検事、大阪地検検事正、札幌・名古屋・大阪各高検検事長等を歴任。2010年弁護士登録後、上場企業の社外役員や法律顧問、公益財団法人入管協会理事、国立大学法人神戸大学理事などを務める。
著書に『若手弁護士のための弁護実務入門』（成文堂）、『法曹一路』『法曹漫歩』『検事長雑記』『検事長余話』（以上中央公論新社）、『弁護士浪花太郎の事件帖』（法学書院）、『検事の風韻』（立花書房）、『中之島の風景』（商事法務）、『検事はその時』（PHP研究所）、『税務訴訟入門〔第５版〕』（商事法務）、『税務紛争への対応』（共編著・中央経済社）、『海事犯罪－理論と捜査－』（共著・立花書房）などがある。

検事《けんじ》の矜持《きょうじ》

2023年２月25日　初版発行

著　者　中《なか》尾《お》　巧《たくみ》
発行者　安部順一
発行所　中央公論新社
〒100-8152　東京都千代田区大手町1-7-1
電話　販売 03-5299-1730　編集 03-5299-1740
URL　https://www.chuko.co.jp/

ＤＴＰ　今井明子
印　刷　図書印刷
製　本　大口製本印刷

Published by CHUOKORON-SHINSHA, INC.
Printed in Japan　ISBN978-4-12-005633-8 C0030

中尾巧の本

法曹漫歩

法務検察の世界から弁護士へ、自由な身で、刑事司法から日常の話題まで。示唆に富む持論を展開する異色のエッセイ。ぶれない人生とは？　混迷の時代を生き抜くヒントが随所に！

法曹一路

法と常識を解き、ノルウェー・ベルギーを旅し、水彩画を描く。発想の転換で今を生きる。その源泉は何か？　法曹一筋に歩む元検事長のエッセイシリーズ、待望の第４弾。